沈阳市慈恩寺

乃东北四大佛教寺院丛林之一，

相传始建于唐代，

迄今千余年历史。

寺院风景奇丽，

堪称梵宇。

寺内明清年代残碑林立，

藏有大量珍贵的佛教经卷文物。

释盖忠／主　编

张雪松／执行主编

寂　源／副主编

社会科学文献出版社
SSAP
SOCIAL SCIENCES ACADEMIC PRESS (CHINA)

目录

修订缘起

沈阳市慈恩寺为东北四大丛林之一，在 1983 年被国务院确定为全国汉传佛教重点寺院。寺院收藏有大量珍贵的佛教经卷、碑刻等文物。慈恩寺作为辽宁省的佛教中心，在全省、全东北乃至全国都有着广泛的影响力。新中国成立初期，在全国范围内，辽宁省佛教协会和沈阳市佛教协会率先成立，会址均位于慈恩寺院内，这对佛教在辽宁省的恢复起到了至关重要的作用。改革开放后，辽宁省佛教协会和沈阳市佛教协会依托慈恩寺迅速展开活动，恢复全省的宗教场所及宗教活动等，使全省的佛教迅速回归正轨。可以说，慈恩寺近代以来的沉沉浮浮是近代中国佛教兴衰的缩影。

然而，由于种种原因，慈恩寺的史料零落，不系统、不连贯，甚至重要的部分有缺失，民众无法全面系统地了解寺院的历史变迁。这给寺院的长远发展带来了不便，对寺院以后的总体定位也产生了不良影响。如不尽快编修慈恩寺的寺志，资料散佚日久，则更难汇集，因此慈恩寺寺志的编修迫在眉睫。

佛陀在娑罗双树间将近涅槃时，嘱咐十六罗汉常住世间护持正法，体现了佛教的可持续发展精神。为千秋万代计，编修慈恩寺寺志与时代精神相符。有感于斯，寺院聘请专家学者会同寺院的法师，通过挖掘史料、考证文物、对相关人物进行访谈等方式对慈恩寺的历史脉络进行了全方位系统化的整理。秉持着尊重历史，对后人负责的严谨态度，编修《沈阳慈恩寺志》。这对于历史的继承和文化的传承都有着重要的意义。

釋盖忠

2017年冬

概述

慈恩寺，位于今沈阳市沈河区大南街慈恩巷 12 号，东为万泉河，东南为万柳塘，乃东北三省四大佛教寺院丛林之一，与长春般若寺、哈尔滨极乐寺、营口楞严寺齐名。佛法于南北朝时的北魏期间传入辽东，慈恩寺相传始建于唐代，迄今有千余年历史。清顺治、道光及民国年间均有扩建和重修。

慈恩寺，后有雄都可倚，前有秀峰可观，其风景奇特，堪称梵刹一所。慈恩寺自建寺以来，历尽沧桑，屡经战火洗劫，寺内明清年代残碑林立。历任方丈、住持多次修葺，屡毁屡建。清末代皇帝溥仪曾赐手书匾额“济度十方”墨宝。

慈恩寺创建之初，曹洞宗之千山剩人函可在此讲法传禅，晚清复兴慈恩寺之步真老和尚所接是北京圆广寺法脉，是临济正宗。慈恩寺同样受到了净土宗念佛之风和天台宗倓虚老和尚的影响。清代自乾隆中期开始，毗卢派在辽宁千山形成规模，千山五大寺几乎都是毗卢派僧人担任住持。此后，千山毗卢派的僧侣把毗卢派传到了东北各地，使之成为近代东北重要的佛教宗派之一。在修缘和尚住持之后，毗卢派在慈恩寺僧众中得以传承。直到步真和尚成为慈恩寺的方丈，慈恩寺就一直传临济宗法脉至今。

古刹几经风雨沧桑，然香火绵延，法炬复燃。如今每日晨钟暮鼓，全寺僧众早晚课诵有序，威仪整肃，参禅修持，诵经礼佛，不废古规，如法如律地进行宗教活动。禅之法脉相承护持，名闻遐迩，影响远深。

历史沿革

肇始时期：沈阳慈恩寺的创建

慈恩寺相传建造得很早。老百姓传说很久之前沈阳城十分荒凉，有一年突然从北面开始发水，后经高人指点，说“在那里建一座庙就会好起来”，大家就真的在那里建了一座庙，洪水果然消退了，这座寺庙就是最早的慈恩寺。

而有据可查的历史，据 1654 年《沈阳慈恩寺碑记》（碑文见本志书“金石文献”），慈恩寺创建于后金天聪二年，即 1628 年选定慈恩寺寺址，“前有秀峰可观，左有清泉林流，右有通衢坦平。其中风景奇特”，被认为是风水宝地，在此建立佛教寺院，并命名为“慈恩寺”。但数年后寺庙建筑就已经颓坏，清顺治元年（1644 年）大家又捐资重修，慈恩寺重修后有正殿 5 间，两廊 10 间，山门、韦驮殿等建筑，面貌焕然一新。慈恩寺住持僧人慧清于 1645 年立碑纪念。

就在沈阳慈恩寺重修后不久，千山剩人函可在清顺治五年（1648 年）“奉旨焚修慈恩寺”。所谓“奉旨焚修慈恩寺”实际上是因“文字狱”流放关外，住沈阳慈恩寺。函可刚到慈恩寺时的生活比较清苦，但他与沈阳慈恩寺僧众相处十分融洽，在人生命运遭受沉重打击之后，再度找到了精神慰藉而不失本性。

《千山剩人禅师语录》多次提到沈阳慈恩寺：

上堂，白椎毕，师云:“若论第一义，便恁么下去，已是淹没尔诸人了也，事不获已。记得《华严》一偈:‘佛身充满于法界，普现一切群生前。随缘赴感靡不周，而常处此菩提座。’大众，作么生说个靡不周底道理？山僧自来关东，匿迹慈恩，承体光僧主种种加恩，又承印真禅人分我半席同寝，处者年余，不啻骨肉。后来，藏主开藏强山僧主席，方才惹出无限络索。比如山僧未来时，慈恩本无山僧；山僧既到普济，慈恩却无山僧；及乎受南塔请，普济又无山僧；即今在大宁与大众团圞，南塔又无山僧。作么生才得随缘赴感靡不周耶？尔莫道身到心不到、心到身不到，即是身外有心、心外有身。身心尚自打作两橛，如何说个充满法界？又记得善财南询登妙高峰顶，遍觅德云比丘不得，及到别峰方才相见。且道别峰得见，为甚妙高峰不得见？”又，举:“大耳三藏得他心通，第一度、第二度俱见国师，第三度为甚不见国师？莫道国师跳出三界外么？国师出得三界，为甚前两度不出？于此不识，不特第三度不见，前两度也不曾见；于此识得，国师从不曾离三藏一步，三藏亦不曾离国师一步。又非特三藏国师不曾相离，德云比丘亦不曾离善财一步，善财亦不曾离德云比丘一步。又非特德云、善财不曾相离，山僧现在大宁亦不曾离南塔一步，在南塔亦不曾离普济一步，在普济亦不曾离慈恩一步。便是山僧未来关东以前，与现前大众亦不曾相离一步。则后来戒期已毕、道场已散，大众各还本刹，或之他方，亦不曾离山僧一步，亦不曾离国师与三藏一步，亦不曾离德云比丘与善财一步。方信道，法身充满于法界，亦无法界可满，普现一切群生前，亦无群生前可现，随缘赴感靡不周，亦无周与不周，而常处此菩提座，亦无菩提座可处。不然，但执世相相求，何止三藏见不得国师、善财见不得德云比丘？现今，山僧登座，大众围绕，眼眼相觑，总未曾梦见山僧在。大众到者里，必须亲悟亲证始得，不是说了便休。大众，毕竟作么生是亲悟亲证一句？”卓拄杖，又呼大众云：“今日岂不是说戒第三日？”下座。

又：

上堂，云：“节序暗迁，炎凉易改，方尔流金烁石。释迦弥勒在猛火焰里转大法轮，倏然拔木吹沙；临济德山向烈风头上扬正法眼。蝉声聒聒，唱无生曲于郁密梢头；雁字翩翩，写大部经于碧空天际。若也离见绝闻、超声越色，始觉头头漏泄、物物显彰。用处觌体全真，拈来当机直截。只如慈恩僧主普化、沈阳诸檀专本刹当家同印真、显如二禅远来设供，大众如何祝赞？”卓拄杖云：“万户屡施宁有尽，百年长送不嫌频。”下座。

“山僧自来关东，匿迹慈恩，承体光僧主种种加恩，又承印真禅人分我半席同寝，处者年余，不啻骨肉。”从中能够得知，当时沈阳慈恩寺的住持是体光法师，跟函可同住的是禅僧印真。清初沈阳慈恩寺即有藏经，函可受藏主礼请，讲解《楞严经》《圆觉经》，听者如云。“藏主开藏强山僧主席，方才惹出无限络索。”“吾上人延师阅藏，为演《楞严》《圆觉》，四辈皆倾。渐拈教外之传，稍稍示洞家宗旨，凡七坐道场。”函可在沈阳慈恩寺传扬的是曹洞宗。不久后沈阳慈恩寺住持易为普化和尚。

复兴时期：沈阳慈恩寺的中兴

沈阳慈恩寺在清初千山剩人函可驻锡时期，结冰天诗社，人文鼎盛，成为关外佛教文化发展的重镇。但在清中叶后，慈恩寺一度衰败，据《沈阳县志》记载：“慈恩寺，在德胜关大井沿路东，天聪二年建，顺治元年重修，佛殿无存，僧房六楹，住持僧十余。”清道光三年（1823 年），慈恩寺募化筹资，对殿堂、佛像进行了维修。但到了晚清，慈恩寺更加荒废，仅剩破庙一间，慈恩寺的旧址已经沦为高家菜园。慈恩寺在晚清民国的复兴，离不开步真老和尚的努力。

光绪二十六年（1900 年），步真和尚来到沈阳，住龙凤寺。步真和尚在沈阳期间，与千山中会寺德安和尚交好，后发心创建丛林寺院。得到魁星楼僧录司张深海的帮助，并与济仁法师商量，后化缘得钱购买了沈阳城南厢当时已经荒废了的慈恩寺旧址，历经数十年努力，慈恩寺得以复兴。在步真和尚的主持下，慈恩寺先后修成山门、天王殿、配楼、钟鼓楼、禅堂、念佛堂、两廊、比丘坛，1919 年大雄宝殿落成。

步真和尚在民国 16 年（1927 年）二月十六日圆寂，十方僧众推举万寿寺青山和尚代理方丈。青山和尚是僧中之领袖，戒律精严，曾经传戒数十坛。青山和尚继承步真老和尚的遗志，在慈恩寺修建了客堂、方丈室、围墙和甬路。经过一年多的寻访和精心物色，青山和尚终于在黑山县盘龙山大兴寺访得修缘和尚。

修缘和尚于 1928 年九月十九日升座，正式继任沈阳慈恩寺方丈之位。此时沈阳慈恩寺常住僧侣已有 40 多人。修缘和尚接任沈阳慈恩寺住持之位后，青山和尚、修缘和尚于 1934 年三月十五至五月八日，在慈恩寺传戒 53 天，取善财童子五十三参之意。男僧受戒 400 余人，女尼受戒 200 多人，在家男女居士受戒 150 多人，共计 800 多人受戒，号称“千僧大戒”。传戒完满之后，立《佛日增辉碑》《法轮常转碑》（以上碑文介绍见本志书“金石文献”），以及《重修慈恩寺刹竿记》。此次受戒的僧侣，不少日后成为法门龙象，例如澄观法师（1916~1999 年），俗名陈元奎，辽宁丹东人，1934 年在吉林弥陀寺出家，同年在沈阳慈恩寺受具足戒，改革开放后长期担任陕西西安法门寺住持。

1940 年青山和尚、修缘和尚再次在沈阳慈恩寺传戒，各地佛教弟子千人在沈阳慈恩寺留影纪念，照片今存。此次传戒有《奉天慈恩寺同戒录》，前言 28 页，正文 205 页，大连图书馆有藏。当时尚未出家、时年 26 岁的忏云法师，随大连市议员曲子源老先生前往沈阳慈恩寺，于修缘老和尚座下秉受五戒。忏云法师（1915~2009 年），俗姓曹，法名成空，东北人。精持戒律，宣扬净宗，创建莲因寺，是台湾佛教界享有盛名的法师，信众皆尊

慈恩丛林摆件

称他为“忏公”。据忏云法师晚年在《忏云老和尚自述吃素经历》一文中的回忆：

> 经过二十五岁这一年，二十六岁我就毅然决然去沈阳慈恩寺。寺里授三坛大戒，我去受了五戒，住了七天。寺院的生活很好很好，还听红螺山彻悟祖师道场的方丈老和尚每天和我们讲一讲佛法，听得很有兴趣、又有意义。住了七天，受了五戒。再回到俗家，母亲听说我吃素了，就显出不满意、生气的样子，还用瞧不起的那种眼神瞥我一眼，但也不再强逼着我吃荤了。所以我从那时候开始吃素。吃素之后，身心愉快，从未曾有，太好太好！没想到信佛，进一步吃素、受五戒，天天拜拜佛、用用功、看看经，就这么好！

1940年慈恩寺传戒法会结束后，修缘和尚还创办慈恩寺佛学院，院址设在慈恩寺南厢。首期招收20多名新戒子，学员有心朗、通蕴、佛蕴、宝静、果西、觉明、安详、悟彻、宝菡等。任课法师有谛观、朗明、静宽、彻广、妙藏、王知一等，首任院长为修缘方丈。课程包括四书五经、古文、算术、唯识、《阿弥陀经》《教观纲宗》《楞严经》等。后期佛学院院长分别由省僧、慧僧、明心、果性、乘安、导尘等担任。其间，有的学员毕业后担任了佛学院讲师。哈尔滨极乐寺佛学院学僧一度来此学习，学员达八九十人。1943年怀一法师前来沈阳慈恩寺布教养成所学习，在明心、妙藏等法师门下学习《瑜伽师地论》《因明入正理论》

慈恩寺

《俱舍论》诸课程，次年升任辅讲。怀一法师，原号济众，法名能慈，因仰慕弘一法师，改名怀一，新中国成立后任中国佛教协会理事，曾长期驻锡贵州省贵阳市弘福寺。

1943年修缘和尚圆寂后，省僧法师、明心（大彻）法师、慧僧法师、果性法师、乘安法师相继担任方丈。

1949年，中华人民共和国成立。1952年起，辽东、辽西两省，沈阳、旅大（现大连市）、鞍山、抚顺、本溪等五市先后设立了宗教工作委员会或领导小组。经民宗部门批准，恢复慈恩寺为宗教活动场所，正式对外开放。由惺如大和尚任住持，留单接众，当时常住僧众30余人。惺如和尚是天台宗倓虚法师弟子，曾与定西

法师在 1929 年创建黑龙江大乘寺。

1954 年沈阳慈恩寺与万寿寺合并，由导尘和尚担任沈阳慈恩寺住持。1956 年 4 月 17 日，导尘大和尚晋院升座慈恩寺方丈。慈恩寺对外开放，信众日益增多，政府多次拨款修缮。为进一步加强党对宗教工作的管理，1954 年并省后，当年 11 月辽宁省设立了宗教事务处。

1957 年 4 月，导尘和尚在北京出席中国佛教协会第二届代表大会，并进行发言，在发言中导尘和尚表彰了慈恩寺退居方丈安慧（也是此次代表大会代表，“文革”时期被迫还俗）积极在千山生产合作社参加劳动：

他介绍辽宁省的佛教情况时说，佛教徒在政府贤明政策的照耀下，都大受感动。僧尼们在生产上也不落人后；有的被评为先进生产者，有的被评为模范单位，就以出席这次会议的安慧代表来说吧，由于他劳动热情、工作积极，在一九五六年就被推为千山生产合作社的社主任，这虽不是一件了不起的事情，可是在旧社会里是从来不会有的。僧尼们还不因为生产而忽视了自己的宗教生活，如早晚的功课，重要的佛教节日，都照例举行法会。

1956 年 9 月 28 日，中国佛学院在北京法源寺举行开学典礼，辽宁省选派安详、果智等三位法师参加学习。1959 年 2 月 14 日，中国佛学院举行首届本科班结业典礼，学僧在毕业后能够从事专门的研究。

1957 年 6 月 6 日，辽宁省有关部门在千山向全省佛教徒传达中国佛教协会第二届代表会议精神，在导尘、根普乐、逝波、安慧四位法师的倡议和主持下，辽宁省 26 市县 40 位佛教界著名人士齐聚千山龙泉寺，举行辽宁省佛教协会发起会议，成立辽宁省佛教协会筹委会。1957 年 10 月 14 日至 17 日，在沈阳慈恩寺举行辽宁省佛教协会正式成立大会，选举导尘为首任会长，逝波、根普乐、王志一为副会长，王志一兼任秘书长，惺如为副秘书长，常务理事 15 名，理事 41 名。这宣告了辽宁省佛教协会成立，会址设于沈河区大南街慈恩寺。

慈恩寺成为佛协驻地后，省内许多佛教文物和教职人员都集

中到了慈恩寺。1957 年，由万寿寺移入木版《大藏经》至慈恩寺。慈恩寺藏经楼永久收藏的藏经包括明版藏经和清版藏经两种，版本极其珍贵，分别是明正统五年（1440 年）的藏经 724 函和清雍正十三年（1735 年）四月初八日御赐藏经 724 函，还有光绪年间御赐藏经 728 函。此外还有很多佛教经典书籍等，“文革”期间被转移至故宫，由此得以保留。

不仅汉传佛教教职人员，甚至辽宁省内一些藏传佛教的教职人员也被集中到慈恩寺，例如王世义（益西丹森）活佛回忆：“1961 年国家在北京开了一次佛教会议，会后，各地开始物色佛教的接班人，阜新地区有关部门领导人找我谈话，动员我到省佛教协会工作，先熟悉情况，以后再到实胜寺接达喇嘛白相臣的班。当时省佛协在沈阳的慈恩寺办公。所以我把户口落在了慈恩寺，吃住全在那里，平时常到实胜寺熟悉环境，了解情况。”另外，值

从消極厌世变为积極利生

释导尘

偉大祖国建国十周年的节日来到了，讓我們佛教徒以充滿着愉快的心情，在庙貌重新、香云繚繞、佛光輝煌的寺院里，来欢騰地祝賀吧！

解放仅仅十年，由于中国共产党和毛主席的英明領导，在一穷二白的祖国土地上，既完成了新民主主义革命，又完成了社会主义革命。尤其是一九五八年，在党的建設社会主义的总路綫光輝照耀下，展开了人民公社化偉大运动，使社会主义建設事业形成了一个飞快发

导尘和尚撰文庆祝中华人民共和国成立10周年

注：1959 年 10 月，值中华人民共和国成立 10 周年，举国同庆，沈阳慈恩寺方丈导尘和尚特撰文庆祝，文章发表于当时中国佛教协会机关刊物《现代佛学》；全文见本志书“艺文法语”。

得一提的是沈阳慈恩寺的硬山顶和檐墙的做法，某些部位杂有藏式装饰风格，这些都体现了汉传佛教与藏传佛教的交融。

1962年5月20~25日，辽宁省佛教协会第二届代表会议召开，对协会章程进行了修改和补充，总结上届理事会工作，选举导尘和尚为会长，逝波、王扎拉（喇嘛）为副会长，逝波兼任秘书长，果智为副秘书长，常务理事13人，理事40人。新中国成立后，慈恩寺的日常运营，除僧人生产自养外，每月收取房租也是重要的收入来源。

新中国成立后导尘和尚长期担任慈恩寺方丈，在1958年寺庙集中后，大部分僧侣还俗参加生产，导尘和尚仍留慈恩寺与佛协处理日常工作。

发展时期：改革开放以来的沈阳慈恩寺

慈恩寺是辽宁省重要的佛教寺院，是历史上著名的十方丛林之一。每年七月十五盂兰盆节，人流如潮，香烟缭绕，诵经终日。新中国成立后，国际上佛教徒凡到沈阳，必拜谒慈恩寺。沈阳市人民政府曾多次拨经费进行修缮，并为外宾专修一条柏油路。1963年公布为市级重点文物保护单位，寺内原有礼器、文物、法器等共276件，经典6500余本，木佛像92尊。

1966年“文革”初期慈恩寺佛像被毁坏，其经典和礼器等一部分散失。房子被小学和工厂占用。党的十一届三中全会以后，为落实宗教和统战政策，沈阳市政府决定“复修庙宇，再塑金身”。1979年6月辽宁省委转批了省委统战部《关于落实宗教政策需要解决的几个问题的请示报告》，报告肯定了“文革”前17年辽宁宗教工作成绩是主要的，当前要认真贯彻落实党的宗教信仰自由政策，对干部和群众要进行宗教政策再教育，不断改善党、政府与信教群众的关系，团结广大信教群众，为四个现代化建设服务，维护和发展安定团结的大好形势。为尊重信教群众的正当宗教活动，要因地因教制宜地开放少量寺庙教堂和宗教活动点。辽宁省委在批语中强调：“实行宗教信仰自由政策，是我们党和国家解决宗教问题的基本政策，必须坚定不移，全面贯彻。只有全面、正确地贯彻了宗教政策，才有利于团结广大信教群众，调动他们为四个现代化建设服务的积极性。”在“文革”期间停止活动的辽宁省佛教协会，1979年6月18日恢复活动。

1982年沈阳慈恩寺比丘坛举办传戒法会，戒和尚为澍培法师。1982年5月澍培法师应辽宁省佛教协会逝波会长邀请来到沈阳，以86岁高龄为辽宁四众弟子传授了三坛大戒，长春般若寺的洗凡老和尚为羯磨师，千山的宝澄师父为教授师父，开坛师父、引礼师父都是辽宁省本地的师父。传戒法会为期7天，共度僧俗177人，当时很多“文革”期间被迫还俗的僧人再次受戒，堪称盛举。澍培法师（1897~1986年）俗姓包，名鸿运，晚年自号“卧云庵主”，蒙古族人，原籍辽宁省朝阳县。澍培法师是倓虚法师弟子，曾协助倓虚法师兴建长春般若寺，并出任首任住持，弘法利生，培育僧才，生前为吉林省佛教协会会长，长春般若寺方丈，吉林省政协委员。

此次在沈阳慈恩寺比丘坛传戒，受戒弟子来自东北各地，为“文革”后辽宁省第一个大戒场，不少戒子都成为日后的法门龙象，如吉林省佛教协会会长、长春市佛教协会会长、长春般若寺方丈成刚法师（1944~2016 年）就是这次在沈阳慈恩寺受戒。

1982 年 8 月 24 日召开辽宁省佛教协会第三届代表会议，选举逝波为会长，果智、王扎拉为副会长，果智兼秘书长，常务理事 13 人，理事 35 人。本届辽宁省佛教协会共召开五次常务理事会议。同年在三届二次常务会上增补侯幼文为副会长。第三届四次常务理事会（1985 年 8 月 21 日）上，果智做了逝波会长病逝情况报告，理事会一致推举果智为代会长，主持佛协工作。

20 世纪 80 年代初期，沈阳慈恩寺内常住僧人很少，仅有逝波会长（比丘尼）和两位老法师：思配法师（当时已经双目失明）和戒空法师。之后 1980 年觉明法师、1981 年照元法师相继来到慈恩寺，常住僧侣逐渐增多。觉明法师，1931 年生，1944 年在慈恩寺依止慧僧法师出家，20 世纪 60 年代被迫离开沈阳前往辽阳，1980 年后一直常住慈恩寺。

1985 年 7 月 18 日中共辽宁省委、省政府批转《关于当前我省贯彻落实宗教政策的情况和意见》的通知（辽委发［1985］23 号）指出：“总的来看，我省落实宗教政策的形势越来越好。各级领导对落实宗教政策重要性的认识有所提高，宗教信仰自由政策正在被越来越多人所理解。但还存在一些问题，目前突出表现在合理安排宗教活动场所和落实宗教团体房产政策方面，阻力还很大。国发［1983］60 号文件确定的全国重点寺观中，我省沈阳慈

中共辽宁省委宗教工作领导小组
关于当前我省贯彻落实宗教政策的情况和意见

省委、省政府：

中共中央《关于我国社会主义时期宗教问题的基本观点和基本政策》（中发〔1982〕19号文件）和《国务院批转国务院宗教事务局关于确定汉族地区佛道教全国重点寺观的报告的通知》（国发〔1983〕60号文件）下达后，特别是去年六月全省宗教工作会议以来，在省委省政府领导下，由于各级党委和政府的重视以及各单位的支持，落实宗教政策取得了一定成绩，工作有新的进展。现将情况和意见报告如下。

一、落实宗教政策的情况

目前，全省各地对冤假错案的平反和清退查抄财物的工作已基本结束；恢复寺观教堂一百九十三座（其中清真寺一百一十座），占拟恢复总数二百二十五座的百分之八十五；落实宗教团体房产二十万零八千多平方米，占应落实总面积三十一万六千多平方米的百分之六十六；开放简易活动场所一百四十五处；在各级人大、政协安排宗教界人士一百六十二名。全

中共辽宁省委宗教文件（1985年7月18日）

恩寺仍大部分被占用，鞍山千山无量观的管理体制还没有很好解决。省批准恢复的宗教活动场所中还有三十二座被学校和一些单位占用，尚未恢复。已经恢复的寺观教堂还有不少遗留问题。”

到1987年秋，沈阳慈恩寺完全交还给佛教界管理。中国佛教协会机关刊物《法音》1988年第2期以《沈阳慈恩寺交还佛教界管理》为题对此进行了报道，全文如下：

本刊讯　被沈阳市一家工厂长期占用的全国重点开放寺院、辽宁省沈阳市慈恩寺于1987年秋全部交还僧人管理。

慈恩寺创建于唐代，复兴于清天聪二年（1628年），扩建于顺治二年（1645年），为东北四大丛林之一，被列为

辽宁省重点文物保护单位。“文革”中该寺被工厂占用。中共十一届三中全会以后，沈阳市政府为了落实宗教信仰自由政策，多次开会，决定将慈恩寺全部交还佛教界管理，由于种种原因，未能落实。去年9月末，沈阳市市长再次作出决定，占用单位马上着手外迁，将慈恩寺使用权全部交还佛教界。现在，四众弟子回到阔别已久的大雄宝殿，进行正常的宗教活动，他们衷心感谢党的宗教政策维护了佛教徒的合法权益，决心管好寺庙，保护好文物古迹，为祖国的两个文明建设服务。

改革开放后，安详法师曾任慈恩寺住持。安详法师是辽宁省新宾县人，1926年出家，师从心然法师，毕业于中国佛学院，曾任辽宁省佛教协会副会长，沈阳市佛教协会会长，沈阳市政协委员。慈恩寺逐渐恢复与重建的过程中，妙印法师也做出了重要贡献，后不幸遇害。

1992年9月22日至24日，辽宁省佛教协会第五届代表会议在沈阳慈恩寺举行，会议选举果智和尚为会长。果智法师是新中国成立后中国佛学院第一批学员，20世纪80年代在慈恩寺创办僧俗培训班，恢复正规的早晚上殿功课。果智法师身体不大好，90年代后由其弟子亲寂法师等人照料，1996年在慈恩寺圆寂。

1996年7月盖忠法师任寺务委员会副主任。1997年辽宁省佛教协会副会长照元法师正式接任慈恩寺管委会主任，慈恩寺常住大众僧人38人。无冬历夏，沈阳慈恩寺是早上四点半起床打板。五点上殿，平日是在大雄宝殿进行早课，冬天冷的时候，因为大

慈恩寺挂件

殿没有暖气，就在有暖气的念佛堂进行早课。六点前下殿，早饭。白天僧人进行经忏佛事等活动，如地藏佛忏、观音佛忏、大悲忏、三昧水忏等。中午十一点午饭。晚课一般下午四点开始，五点药食（晚斋）。有时候晚上还有放焰口、蒙山施食，最晚到九点钟，九点打板休息。

“文革”后，政府的宗教政策得以落实，不仅慈恩寺得以恢复重修，原属慈恩寺的一些下院也陆续得以复兴，例如抚顺宝泉山善缘寺（抚顺经济开发区高湾友爱村），原称“圣水寺”，为沈阳慈恩寺下院，“文革”期间被毁。1995 年经抚顺市政府批准在原址重建。1997 年建成大雄宝殿、讲经堂、斋堂、僧舍。1998 年以来，

慈恩寺

照元法师

又陆续建成天王殿、钟鼓楼和东西配殿等，已形成较完整的佛教寺院。善缘寺现存沈阳慈恩寺方丈修缘和尚的舍利塔一座。

2003年10月6日，慈恩寺恢复十方丛林，照元老和尚升座，正式担任慈恩寺方丈，盖忠法师任监院。慈恩寺近代自步真和尚之后，一直传临济宗法脉。照元和尚此次升座，属天台宗，第四十五代。2007年12月10日，“庆祝辽宁省佛教协会成立五十周年：振兴东北、和谐辽宁、祈福法会”在辽宁省佛教协会会址沈阳慈恩寺大雄宝殿举行。2009年，沈阳市第十四届人大常委会第十一次会议审议通过《沈阳历史文化名城保护条例》，慈恩寺受到法律严格保护。

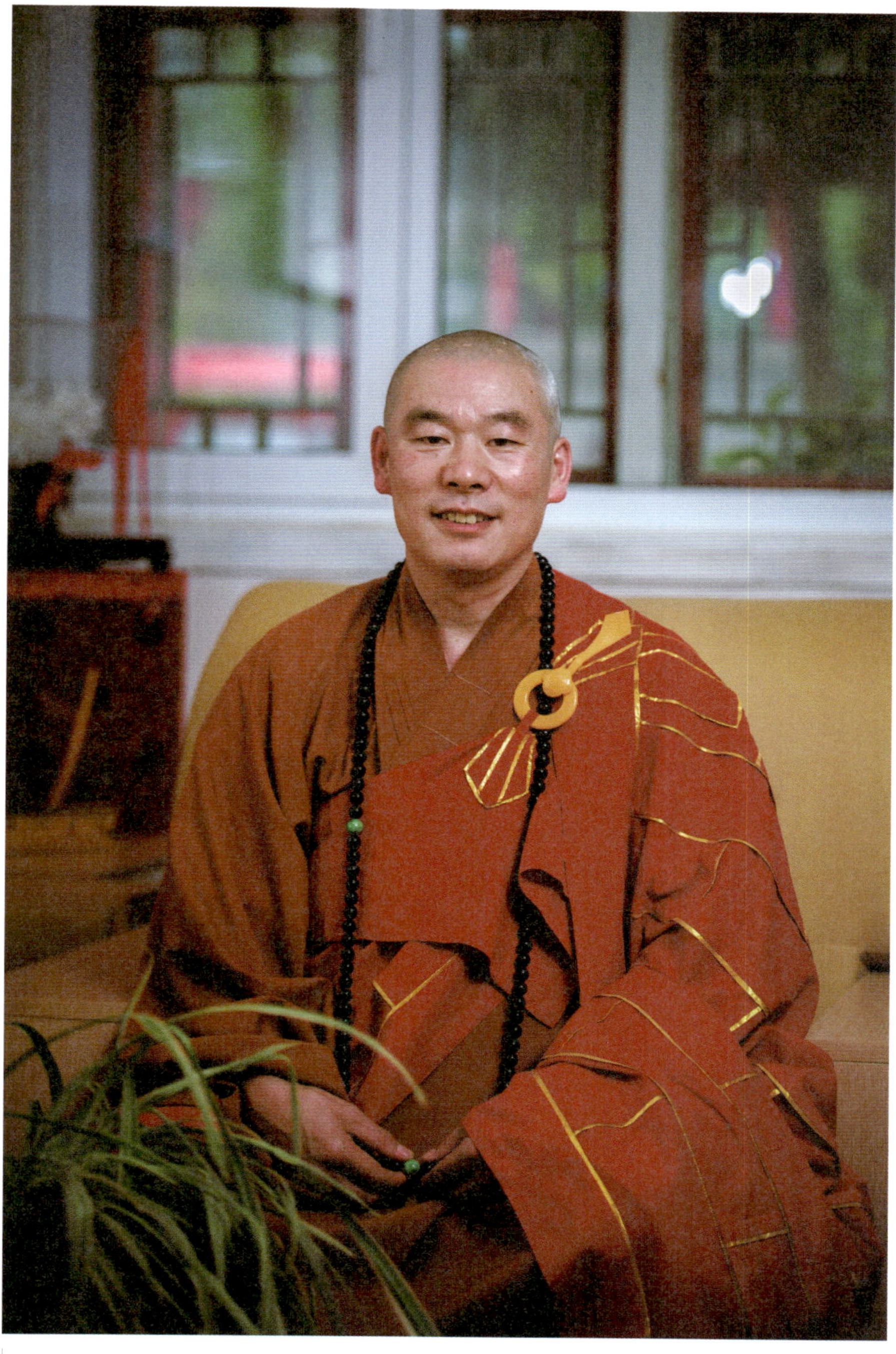

盖忠法师

2015年8月20日，照元法师退居，盖忠法师接替照元法师，成为代管慈恩寺的住持。盖忠法师接任住持后，在沈阳慈恩寺积极开展多项佛教文化公益事业。

盖忠法师受沈阳市宗教局主管领导及市佛教协会的委任，在退居方丈辽宁省佛教协会会长照元大和尚殷切嘱托下，规范丛林制度管理，主持慈恩寺的日常管理工作，秉承佛教祖师大德遗训，爱国爱教，带领全寺两序大众充分发扬佛教优良传统，学修并重，众善奉行，并广施饶益，利乐有情。

慈恩寺现存建筑主要以山门殿、天王殿、大雄宝殿、比丘坛、藏经楼为中轴线，两边附以沈阳市佛教协会、钟鼓二楼、伽蓝殿、大乘殿、客堂、念佛堂等建筑，共占地19亩，殿宇恢宏，建构有序。这座古刹，历尽风雨飘摇，如今常住僧侣45人，晨钟暮鼓，早晚功课有序，日常并为信众举办各种弘法利生佛事活动，法幢高树，海众安和。沈阳慈恩寺每年二月十九（观音圣诞）、四月初八（佛诞）、六月十九（观音成道日）、七月十五（盂兰盆节）、九月十九（观音涅槃日）、腊月初八（佛陀成道日）都会举办大型法会，呈现一派欣欣向荣的景象。

慈恩寺法会之一

慈恩寺法会之二

人物春秋

千山剩人函可

函可（1612~1660年），字祖心，号剩人、罪秃，俗姓韩，名宗騋，博罗浮碇冈人。早年寓居南京、北京两都，与天下名流巨儒切磋论交，声名倾动一时，海内名人以不获交韩长公騋为耻。崇祯九年（1636年），与师兄函昰同隐于罗浮山华首台。崇祯十三年（1640年）上庐山祝发受戒，遁入空门，易名函可，任罗浮华首台都寺（寺院中统管总务的执事僧）。顺治二年正月，福王朱由崧在南京建立南明弘光王朝，函可将亲历清兵攻陷南京的重大事变记为私史《再变纪》。顺治四年，函可携洪承畴所送印牌离

剩人（函可）和尚像（1612~1660年）

开南京返广东，出城时被清兵搜出有朱由崧答阮大铖的书信以及《再变纪》手稿而被捕。后被押解送北京，又流放辽阳千山，敕住慈恩寺。函可流放东北期间创“冰天诗社”并开堂说法。据其法侄今辨撰《重梓千山剩人和尚语录序》称，函可“七坐道场，全提直指，绝塞罕闻，称佛出世”。清顺治十七年（1660 年），函可迁化于沈阳金塔寺，时年 49 岁。

步真和尚

步真和尚是河北遵化人，原本行伍出身，武艺高强。步真和尚相当讲义气，他朋友的老婆被抢走了，为了帮朋友他把恶棍杀了，然后就出家了。（此据照元法师回忆，他在 20 世纪 60 年代听步真老和尚的朋友、千山五龙宫老道所讲。）步真和尚 37 岁出家，法名沙霁，是曹洞宗第 24 代。从步真老和尚的剃度名“沙霁”来看，步真和尚出家时应该是曹洞宗豫章派（曹山十四世）下，该派的派辈诗是：“清净觉海圆弘广，悟本真常慧性宽，祖道兴隆传法眼，普周沙界定心安。”步真老和尚是“沙”字辈，正好是曹洞宗豫章派第 24 代。

光绪十一年（1885 年）春，步真和尚在北京万寿寺受具足戒，戒和尚是德果和尚。步真和尚受戒后驻锡北京圆广寺。北京圆广寺位于阜成门（元称平则门）外，是在明朝万历年间（1573~1620

年）由民间私募建造的佛寺。据《1928 年北平特别市寺庙登记》记载：圆广寺“坐落西郊第一分署阜成门外南营房一百二十号，明万历年募建。本庙面积约有二十余亩，房屋一百二十间。管理及使用状况为自行管理焚修宏法信仰。庙内法物有泥金刚像两尊，木弥勒菩萨一尊，泥四大天王四尊，木韦驮像一尊，木释迦佛一尊，泥阿难迦叶二尊，泥罗汉十八尊，泥观音、普贤、文殊菩萨三尊，木阿弥陀佛一尊，木大悲菩萨一尊……另有石碑三座，槐树四株，楸树四株”。清同治初年（1862 年），圆广寺住持庆然和尚结交清廷各当权王公大臣，不久又通过结识下斜街魁宅而接近了慈禧太后。每逢庆然奉召进宫，都会受到慈禧太后的特殊礼遇，因当时宫里太监都称慈禧太后为“老佛爷”，故庆然和尚也被称为“庆佛爷”。庆然和尚亦受到王公大臣们的推崇，四方布施源源而来，遂把圆广寺原本颓废不堪的古刹恢复了原貌。寺院附近，置有大面积的土地和菜园，对外应酬佛事，寺内为事主停放灵柩。

步真老和尚后接北京圆广寺庆然和尚法卷，成为庆然和尚的法子，是临济正宗的第 43 代。

修缘和尚

修缘和尚（1871~1943 年）是辽宁省黑山县人，出身贫寒农家。30 岁在黑山县盘龙寺出家，学习五堂功课和笙管音韵，颇有长进。先后在江苏镇江金山寺、扬州高旻寺等名山古刹参学。后又到北京红螺山资福寺专修净土法门，讲说《楞严经》和《阿弥陀经》，正因为修缘和尚有这一经历，又在慈恩寺内仿照红螺山资福寺重建念佛堂。1926 年到沈阳万寿寺。随后任慈恩寺方丈，奉天省（辽宁省）佛教会会长。

修缘和尚深得佛教各界器重，倓虚法师还曾邀请修缘和尚参与主持水陆道场。1928 年八月初，倓虚法师回沈阳，应朱子桥将军与朝阳县慈善会发起，做水陆道场四十九日，超度历年战争阵亡将士，绥靖殉难军民，及历劫死于兵燹疠疫、水火盗匪、一切无主无依孤魂。坛设艮道营子，分为三坛共作。第一坛，请倓虚法师任讲经道场，每日午后一点钟，三坛合一。第二坛，请沈阳万寿寺住持豁峰，领众唪经拜忏，及施放瑜伽焰口，做各种佛事。第三坛，请沈阳慈恩寺住持修缘和尚，领本寺僧众，及锦县各寺僧众，共做念佛道场。法会范围很大，动员好几处的人。摆坛的地方是一个大广场，搭起来三座大席棚，正中为讲经坛，东为念佛坛，西为拜忏坛。每天晚上放焰口，各方来宾，及与会僧人，均按时听讲。其间曾讲《地藏菩萨本愿经》《法华经普门品》《华严经普贤行愿品》《心经》《金刚经》。共设上堂斋 16 堂，上堂说法 16 次。末后法语经人存留，印成一小本，得到近代天台宗耆宿谛闲老法师认可。

修缘和尚于 1934 年和 1940 年两次在慈恩寺传戒，得戒弟子 2200 多人。1943 年圆寂，世寿 73 岁，圆寂后被尊为东北佛教六大长老之一。

修缘和尚擅长梵呗音韵，沈阳慈恩寺尤其以“北方韵”闻名于世。慈恩寺佛乐历来以用法器伴奏的诵经为主，无笙管、丝竹乐，诵经习用“北方韵”。北方韵是在中国山东、河南、河北、山西及东北三省各佛教寺院普遍采用的一种韵调。在很长时间内，辽宁佛教所用韵曲仅有北方韵，其传曲大多年代久远，宗教浸润深厚，如《回向偈》《五声佛》《三皈依》《庄严无上佛菩萨》《南无宝胜如来》《稽首皈依大觉尊》等曲，皆以佛语命名，而保留原曲牌名称者如《牙古今》《一枝花》《翠雁来》等，则比较少见。20 世纪 20 年代，辽宁省佛教界请浙江观宗寺和尚禅空、倓虚来辽宁讲经并开始接受“南方韵”，尤其是倓虚在营口成立楞严寺后，“南方韵”广为流传。但北方韵在沈阳慈恩寺一直有保存，部分僧人能用“北方韵”，不过大部分僧人，特别是年轻僧人在 20 世纪后半叶以来都改习南方韵或南北糅合而成“南北混”，慈恩寺在施食放焰口时用北方韵，其他法事则用南方韵。修缘和尚为南方韵在慈恩寺的流行，发挥了重要的推动作用。

美国哈佛大学著名教授尉迟酣在他的代表作《法卷与中国寺院方丈的继位》（“Dharma Scrolls and the Succession of Abbots in Chinese Monasteries,” *T'oung Pao*, Second Series, Vol. 50, Livr. 1/3, 1963）中多次提到民国年间的沈阳慈恩寺，以及传法和住持续任情况。

> 这种从一座寺院把法系借来开创或重建另一支法系的做法叫作“分灯”，灯即指佛法之灯。这个词可以指所有将一支法系分为两支各有独立继承人的传法方式。有时当一位在其他寺院做过住持的僧人建了一座新的寺院后，他会

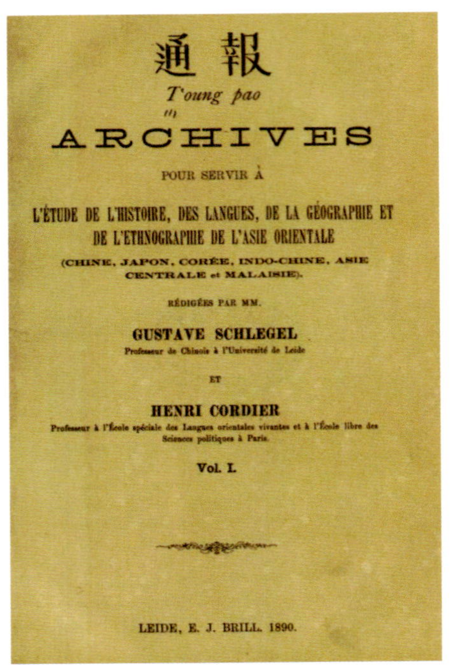

通報
T'oung pao
ou
ARCHIVES
POUR SERVIR À
L'ÉTUDE DE L'HISTOIRE, DES LANGUES, DE LA GÉOGRAPHIE ET DE L'ETHNOGRAPHIE DE L'ASIE ORIENTALE
(CHINE, JAPON, CORÉE, INDO-CHINE, ASIE CENTRALE et MALAISIE).
RÉDIGÉES PAR MM.
GUSTAVE SCHLEGEL
Professeur de Chinois à l'Université de Leide
ET
HENRI CORDIER
Professeur à l'École spéciale des Langues orientales vivantes et à l'École libre des Sciences politiques à Paris.
Vol. I.
LEIDE, E. J. BRILL. 1890.

刊发尉迟酣（Holmes Welch，1924~1981）文章的期刊《通报》

尉迟酣代表作《中国佛教的复兴》（*The Buddhist Revival in China*）

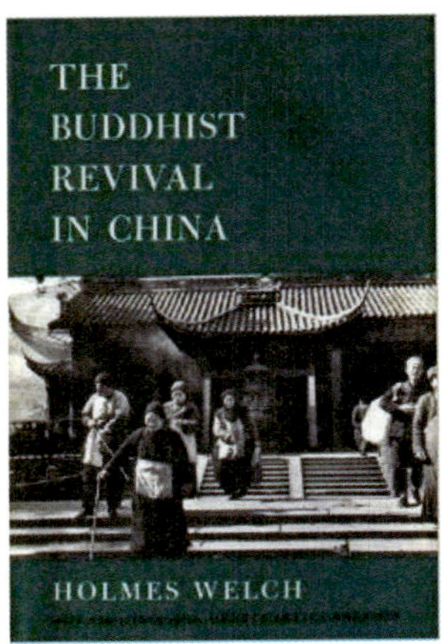

把在先前寺院得到的法“带回来”。（这样的情况发生在例如民国初年在沈阳建立的慈恩寺）有时一座小庙的当家做了很久，但还没有法，如果他想提升声望，他就可以向一座大的寺院“求法”。这样他所获得的法系就成了他这座庙的法系。

又：

关于传法有一点值得注意的就是它对代理人的宽容。几年前一名知名的法师还没有来得及传法给他的弟子就去世了，根据他的意愿，追悼仪式由与他同宗的另一名僧人举行。再有就是沈阳慈恩寺的例子，当两名法兄弟中的第二人准备从住持位上退任的时候，他选择了一名戒岁高于他的僧人继位。这样就使得一种师徒关系很不合适。这名住持自己的师父很早前就过世了，虽然如此，作为已故法师的代理人（尽管没有他本人意愿的授权或其他形式），这名住持通过将这名僧人变成他的法兄弟而不是他的法徒的方式把法传给了他。

尉迟酣教授提到沈阳慈恩寺上一任住持让一位戒腊比他大的人继任下一任住持的事例，指的是 1928 年青山和尚替已故步真和尚传位给修缘和尚。修缘和尚的戒腊长于青山，青山代师传法，二人成为法兄弟，即青山和修缘同为临济正宗第 44 代。步真老和尚是在北京圆广寺接法，后又传法给沈阳万寿寺青山和尚，青山和尚又代步真和尚传法给修缘和尚，所以尉迟酣教授将沈阳慈恩寺视为北京圆广寺的“分灯”，认为步真老和尚“把在先前寺院得到的法‘带回来’”。

省僧法师

省僧（1892~1966 年），法名因文，俗名王世绩，辽宁法库人，毕业于法库县十分学校。1918 年 10 月，在北镇广宁山释迦寺出家，1919 年在北京圆广寺受戒，住北京红螺山资福寺。1922 年先后在扬州高曼寺、宁波天童寺、江苏镇江金山寺、杭州禅源寺、江西庐山青莲寺等处参学。1933 年到沈阳慈恩寺，1939 年后赴北京红螺山资福寺任住持，1943 年修缘和尚圆寂后担任慈恩寺方丈。退居后住北京通明寺，1949 年回沈阳慈恩寺。1966 年 8 月 29 日，不幸逝世。

慧僧法师

慧僧法师（1906~1982 年），1923 年在东北小庙出家，1935 年曾住福州鼓山涌泉寺，亲近虚云老和尚，并在慈舟法师主持的华严佛学院学习，担任过沈阳慈恩寺住持，后赴中国香港、新加坡、马来西亚、美国、加拿大等地弘法，历任香港东林念佛堂住持、槟城佛学院主讲、新加坡万佛林住持等职，与海外华人佛教徒有深厚的法缘。前述哈佛大学尉迟酣教授对沈阳慈恩寺的论述，信息来源应为慧僧法师。

导尘和尚

新中国成立后长期担任慈恩寺方丈的导尘和尚，俗名白为训，辽宁省朝阳人，生于1912年，9岁在文昌宫出家，高中毕业后读经2年，1934年在沈阳慈恩寺受具足戒。1935年进入万寿寺佛学院学习，研究经典2年，1938年去哈尔滨极乐寺，佛教专修科毕业，随后担任讲师。1943年任沈阳万寿寺佛学院教务，1944年担任万寿寺监院。1945年被公推为万寿寺方丈。1954年万寿寺和慈恩寺合并，任慈恩寺方丈兼辽宁省和沈阳市佛教协会会长。1958年寺庙集中，大部分僧侣还俗参加生产，导尘和尚仍留慈恩寺与佛协处理日常工作。导尘和尚相继被选为沈阳市第二届至第六届人大代表，辽宁省政协第三届委员会常务委员。1966年破“四旧”，导尘和尚在慈恩寺内的沈阳汽车靠垫厂当装潢工人，“文革”期间并未参加任何派别，只因口念“八三一”派标语“三支两军是正确的”，“宋任穷是好干部”，而被批斗。在1968年8月的一次批斗会上，被专政队长等人用木棒打死在慈恩寺大乘殿门口处，时年56岁。事后马路湾住宅又被抄，停尸数日，送回龙岗火化。1978年7月于回龙岗举行了平反大会。省市领导及宗教处干部，宗教界人士数百人参加了平反大会。

逝波法师

逝波法师（1911~1985年），比丘尼，俗名李桂珍，辽宁省锦州人，17岁出家，18岁在沈阳万寿寺青山和尚座下受具足戒，后在江浙京津等地参学、讲法近20年，1949年返回沈阳华严寺，1958年寺庙合并，沈阳市尼众都集中到般若寺，后又都并入慈恩寺。1985年逝波法师圆寂。

安详法师

安详法师，少时贫苦，18岁（1940年）成年在慈恩寺受戒出家。1956年辽宁省选派安详等三位法师前往北京，在中国佛学院学习。学成后返回沈阳，任沈阳市佛教协会秘书，当时导尘法师任沈阳市佛教协会会长，导尘法师圆寂后，安详法师接任沈阳市佛教协会会长，后曾任辽宁省佛教协会副会长、沈阳市政协委员，在20世纪80年代一度主持沈阳慈恩寺工作。

照元法师

照元法师1938年生于海城乡间一个佛化家庭，其母虔诚信佛，1957年照元长老从鞍钢技工学校毕业，被派到包头钢铁厂支援“三线”建设，1963年又下放回到海城。“文革”期间照元法师遭批斗，改革开放后42岁的照元法师终于在辽宁省千山龙泉寺落发为僧，1981年在五台山广宗寺受具足戒。随后照元法师被辽宁省佛协会会长逝波法师安排到沈阳慈恩寺参与寺院重修工作。1982年末，省佛协送照元法师去南京栖霞寺僧伽学习班学习，1986年学成后返回沈阳。2002年照元法师被选举为省佛协会长。

盖忠法师

2015年8月20日，盖忠法师接替照元法师担任慈恩寺住持。盖忠法师出生于1970年，重庆人，本名罗玉泽。从小受家庭影响，耳濡目染，有心向佛。17岁入伍，在部队里就选择吃素。1992年12月复员返回重庆，次年5月离开重庆来沈阳，之后去黑龙江省尚志市山中小寺苦修。1994年7月，赴鞍山香岩寺上宝下和老和尚门下披剃出家。1995年回到沈阳慈恩寺，次年开始管理慈恩寺斋堂。1997 年远赴福建佛学院进修，1999 年返回慈恩寺主管后勤。2003 年，开始任监院。2015 年 8 月，接任慈恩寺住持。盖忠法师接任住持后，在沈阳慈恩寺积极开展多项佛教文化公益事业。

2016 年 12 月 10 日，“云水情深，爱满人间”公益慈善捐赠法会在沈阳市慈恩寺举行。辽宁省、沈阳市宗教局和民政局领导，沈阳市佛教协会同仁，受助单位代表以及来自社会各界的信教群众 150 多人参加了活动。会后，在盖忠法师的带领下，33 万多元的生活物资按受助人员的数量，分别捐赠给沈河老年休养中心、沈河博爱老年休养院、大东区社会福利院、大东博远老年休养院、皇姑区社会福利院共五家单位。

2017 年 3 月 1 日，沈阳慈恩寺盖忠法师一行僧众 30 余人，前往辽宁省精神卫生中心开原分院，开展“守护心灵，春暖花开”慈善慰问活动，共捐赠价值近 10 万余元的物资，其中包括内衣精梳棉套装 1100 套（条），抓绒马甲 290 件，保温桶 120 个。盖忠法师表示，自从他接任住持以来，慈恩寺一直以“永不落幕的慈善”为宗旨，践行“月行一善”，布施四方。“佛教所修的六大法门，第一个就是布施。能来到开原做布施，是难得的因缘，更是慈恩寺僧人的光荣，正所谓佛法在人间，处处都有慈悲的心、施舍的心。”

2017 年 3 月 28 日，沈阳市慈恩寺慈爱梵呗艺术团举办成立揭牌仪式。“箫笛琴箜篌，琵琶铙铜钹。如是众妙音，尽持以供养。”《妙法莲华经・方便品第二》有云：“或以欢喜心，歌呗颂佛德。乃至一小音，皆已成佛道。”传承佛教音乐文化，对复兴中国传统文化、弘扬佛法，具有深远而重大的意义。艺术团成员由慈恩寺部分僧人以及精通民族乐器演奏的居士、信众组成，以“传承保护梵呗文化”为宗旨，秉承“用佛乐弘扬佛法，以梵音滋养心灵”原则，以音声做佛事，与十方大众共浴佛乐梵音，净化心灵。艺术团师资团队、演职人员均来自中央音乐学院、中国人民解放军艺术学院、沈阳音乐学院等高等院校。艺术团将以宣传、普及佛教音乐为己任，以打造“省内乃至全国范围内的高品质佛乐团”为目标，不定期地举行佛乐演出，用音乐弘扬佛法。同时，为传承保护佛乐传统文化，将定期举办“公益佛乐课堂”，给各大寺院僧众和大众居士传授佛教音乐知识。

附录:

按:

千山剩人函可在清顺治五年“奉旨焚修慈恩寺”，在慈恩寺讲经说法，影响甚大。“吾上人延师阅藏，为演《楞严》《圆觉》，四辈皆倾。渐拈教外之传，稍稍示洞家宗旨，凡七坐道场，趋之者如河鱼怒上。”银州郝浴撰《奉天辽阳千山剩人可禅师塔碑铭》对函可生平事迹进行了较为可靠的记载。

奉天辽阳千山剩人可禅师塔碑铭

银州郝浴撰

考《释传》洞宗，博山之嗣曰华首，独千山剩大师函可实印其法。可，字祖心，岭外闻家儿也。以世度沧桑，号剩人。始生而龀，随父谒任长安，道出匡庐山下，止驿亭，仰金轮峰，仿佛记白莲开谢，成措大。用象山《慈湖书》说《鲁论》，偶下一指，于之边云："若于此识得，尽十三经可贯。"一座齿冷。时年十八九，每污患世习，命写生手戏图为意中幻肖，初而拱象拥矛，迟而囊头贯首。幅尽，一比丘现趺岩雨花。时室中黛墨如林，怪之。居无何，扶父梓过阊门，堕水鸥没，反眼视黛墨，皆髐然骷髅矣，遂哑然褰裳而去。先是孝廉曾宅师，雅善华首，常造师，必挟首说相劘削，师疑而颔之。及坠足吴门，忽智其说，直走双柏林谒首。首才癯然瓢笠而已，为拈赵州无字逼师，师冲口呈偈，首尽叱之。一时信猛俱发，七八日似木偶负墙。忽一夜雷电薄窗，不觉胸次划裂，二十年疑关尽撤，晓而唱曰："门前便是长安道，莫向西湖觅水程。"自是，密拈古人，无不犁然深解。他日为举九峰，参真净话，师扑地稽首，首喜曰："得子不疑，吾宗振矣。"遂引入曹溪，礼祖下发，登具于舟中。左右谛观，宛是幅末画人，殆谶也。而曾孝廉亦已俨然在坐，比肩现知识身矣。师是年二十有九，时崇祯十二年六月十九日也。庚辰，上金轮峰，入古松堂，一如夙契。明年，礼寿昌塔。又明年，礼博山塔。甲申，年三十有四，值世变再作。于戊子四月二十八日入沈，奉旨焚修慈恩寺，时已顺治五年矣。吾上人延师阅藏，为演《楞严》《圆觉》，四辈皆倾。渐拈教外之传，稍稍示洞家宗旨，凡七坐道场，趋之者如河鱼怒上。六七年，起大疑，生大信。采珠投针之徒，每叉手交脚于岩壑间不去，师知悟门已开，且就化。目众叹曰：“释儿识西来意乎！追念吾在家时，曾刺臂书经以报父，及出家，而慈母背反，立解条衣、披麻泣血以葬之，是岂愚敢先后互左而行怪？顾创巨痛深，皆不知其然而然也。是西来意也。丙戌岁，本以友故出岭，将挂锡灵谷，不自意方外臣少识忌讳，遂坐文字，有沈阳之役，是亦不知其然而然也。是西来意也。”重示偈曰：“发来一个剩人，死去一具臭骨。不费常住柴薪，又省行人挖窟。移向浑河波里，赤骨律，只待水流石出。”言讫坐逝。报龄四十九，僧腊二十。翌晨，道颜如生，浴拊其背，哭之，双目忽张，泪介于面。

呜呼！师固博罗韩尚书文恪公之长公子也。文恪公立朝二十年，德业声施在天下，门下多名儒巨人，故师得把臂论交。虽已闻法，而慈猛忠孝恒加于贵人一等。甲申、乙酉间，侨于金陵顾子之楼，友恸国恤，黯然形诸歌吟。不悟，遂以为祸。然事干士大夫名教之重，江左旧史闻人，往往执简大书，藏在名山。是殆狮象中之期牙雷管，而袈裟下有屈巷夔龙也。当其遭诬，在理万楚交下，绝而复苏者数，口齿嚼然，无一语不根于道。血淋没趾，屹立如山。观者皆惊顾咋指，叹为有道。

甲午九月，浴始得见师于高丽馆。海口钟发，眸子电烂，一接谈，彻三昼夜，粹白潇洒，不闻只字落禅。浴窃叹梅岭南曲江丰度，久坠堂帘，曹溪法雨，谁沾世界？今观其父子间入世出世，兼擅二贤之美于一家，岂非天壤间希有事耶？至其藏密于发慧之余，混迹劳侣，其僧皆堆堆，惟戒课之修，乃一旦全启其知觉。

非大师智圆而语软，以了无遮结之聪明，行决无退转之慈悲，安能使鸭西数千里奉为开宗鼻祖哉？

记丁酉冬，在沈南塔院，一灯相对，语洞济二家之奥，皓月江翻，霜锋电扫。因极赞寿昌“暗藏春色，明露秋光”之语，以为知言，复曰：“趋闪回互，恰却现前，未易为君描画矣。”师居尝好跣，到积雪拦门，犹浩然白足而出。始以逮入京，绝粒七日，时有一美丈夫，手甘露瓶倒注其口，及蘧，神采益阳阳，方知大士密留为十二年拨种生芽地也。计当胜国之末，一老比丘力驱昰、可一辈人入道，且师弟子类能以高躅保其真谛，足见华首，更见洞宗。惜天下宗门上客，不得再见吾雪窖冰天、空明微妙之剩人也。所著书及得法人，附记碑阴。自示寂之年腊月初四日，龛肉身诣千山龙泉寺，护真师阅藏。辛丑，迎至大安，壬寅六月十九日巳时入塔，塔在璎珞峰西麓下，是为康熙元年。迄十有二年癸丑四月，浴自银州冒暑登山，装香塔下而铭之曰：

西竺自嫌书太粗，香至之儿口传无。常恐破颜花在手，无与神州五丈夫。嵩阳膝雪披屈绚，能者遂取摩尼珠。空阶不拾石头出，二支五派各分途。谁从云路归曹洞，请看明月鹭鹚图。话到博山三十代，菩提树绿一千株。南海陆家开宝掌，三岁登楼叹蜘蛛。磨刀自下娘生发，骑牛无语入匡庐。静看世界悲才子，密引双龙入紫盂。一龙顺行一龙逆，飞劈虚空堕上都。一朝洞家法幢起，插向万年冰天里。彩日轮飞楼阁紫，正照华师弟二子。如大火聚尺有咫，一众头燃那撑抵。窗外雪花灯前蕊，九十六转问杀尔。漫发木鱼钻故纸，吹毛有口野干死。悄向声闻鸣一指，甘露门开舌尽舐。抚琴作舞今已矣，闲为谪官说历履。曾咏蓼莪吟兰芷，敢抵素王忠孝理。读破二十一部史，谁居精华谁居秕？升堂有路平于砥，吾徒努力雪行止。跸峰云锁玉为几，鸭绿环流清见底。蔔米无双天下美，坐斋香饭精如此。鹤林忽白垂一趾，璎珞峰西肉身是。当年相好谁能似？金绳界处俨慈氏。于今有塔直如矢，万峰朝拱一峰倚。昼夜松涛灌左耳，大觉千龄护帝里。四天垂青抱百雉，洞宗之传又此始。

有《语录》十卷及《剩诗》三卷。嗜《老》《易》，有《坎困二卦说》。与左大来、李吉津、季天中、陈心简《论格物劝学书》，与希与、焦冥《论南华书》行于世。高足有今方、今羞、今何、今衍、今希、今子、今仿、今狮、今育。法付方，书付羞。何以下，闻修各有差损。资王衮州全忠为多。守塔有古下剩公，字之为不离步。

按：

步真和尚是晚清民国时期重振沈阳慈恩寺的中兴祖师，他有个绰号叫老破和尚，他都把好衣裳给别人，自己穿破的，下文中提到步真和尚把裤子布施给穷人的事迹。每逢初一十五年节，他都要下厨房，给大众煮饺子，好的给别人吃。步真老和尚骨灰原安放在慈恩寺内，“文革”期间被红卫兵扬弃。《重兴慈恩寺的步真长老》的作者意坚法师毕业于中国佛学院并曾留下任教，并在新加坡做访问学者，2004年应照元方丈之邀来到沈阳慈恩寺，现为沈阳市佛教协会常务副会长。

重兴慈恩寺的步真长老

意坚法师撰

步真老和尚，法名沙霁，河北省遵化县人。从小酷爱武术，青年时代入伍当兵，心存练武报国志。中国当时内忧外患，官场腐败，军中也不例外。37岁时弃武出家，当年在北京万寿寺德果老和尚座下受具足戒。随后住北京园广寺，接该寺庆然老和尚传步真临济正宗43代法。

步真和尚身材魁梧，行伍出身，具侠义作风，当时在北京颇有名气。光绪二十六年（1900年）来沈阳，常住德胜关（大南）龙凤寺，见慈恩寺颓败凄凉的景象，就发愿修复古刹。经多方奔走斡旋，得到当时住在魁星楼的僧人录司张海深的鼎力帮助，在慈恩寺原址上又建造起一座气势雄伟的佛教丛林。

步真和尚在十几年的风霜雨雪中，到处奔走募化，筹集资金。在外出化缘时，他身上总是背着个布袋，把路边的废纸捡起来，积攒着去卖，换来的钱交到寺院。其个人生活非常简单，终日粗食咸菜，身上穿的僧袍也都是补丁摞补丁，补衲多年还照样穿。他把信徒供养给他的衣服时常随手结缘给路边要饭的。有一次，他去一位信徒家应供，途中看到几位要饭的很可怜，当时天气非常冷，他就把自己的裤子脱下来布施给这些要饭的，到了信徒家门口，由于下身没衣服下不了轿子。信徒还以为自己哪个地方做错了，让师父生气，非常恭敬地跪在轿子边请师父落轿。老和尚在轿内说明自己没穿裤子，信徒急忙叫人拿衣服来。步真老和尚的行为感动当时很多人，大家听说他要修建慈恩寺，都主动地捐款捐物。

经过十多年的废寝忘食，辛勤募化，买下慈恩寺周边人家的土地，先后修建了山门殿、天王殿、南北配楼、钟鼓楼、禅堂、念佛堂、南北两廊、比丘堂、藏经楼，民国 8 年（1919 年）完成大雄宝殿，工程全部结束。

民国 16 年（1927 年）二月十六日，步真老和尚圆寂。步真和尚不仅是位精通佛教经论、严持戒律的高僧，还是位武术名家。

按：

慧僧法师在 20 世纪 40 年代是慈恩寺佛学院重要教师，除讲授佛经外，还讲述《四书》等儒家典籍，并在 40 年代中期出任沈阳慈恩寺方丈，抗战胜利后不久离开慈恩寺，后长期在海外弘法。《纪念慧僧法师》的作者宣化上人（1918~1995 年）俗名白玉书，又名玉禧，黑龙江省五常市拉林（原归吉林双城）人，现代佛教高僧，在美国旧金山创立万佛圣城（The City of Ten Thousand Buddhas）。

纪念慧僧法师

宣化上人撰

弘化西南遍地台，不退转兮归去来。

慧僧法师，籍贯中国东北辽宁，幼习教观于观宗寺，暨福建鼓山涌泉寺，曾亲近云公老人。后回东北，住持奉天慈恩寺。日本侵略东北，伪号满洲帝国。彼则大转法轮，维护佛教。余于

1947 年，自苏州灵岩山寺回东北，寄寓云水堂，作挂单众，初瞻风范，高踞丈席，请见无由，故未一语。后于广东南华寺，复偶然相遇，始淡然叙交。旋彼赴香港，余则往云门大觉寺。

1948 年重遇于香江东普陀寺。后彼赴南洋、新马各地弘法，德化所被，闻风而发菩提心者甚众。此方缘熟，飞渡重洋，为法忘劳，不惜身命，带病宣教，提携后进，不遗余力。1980 年，受万佛圣城四众恭请讲解《梵网经菩萨戒》，于法界佛教大学之典南堂，中西人士听者踊跃，法筵之盛，尤为稀有。该经讲义，已译为中英对照本，冀流通万世，以续法灯于尽未来际也。兹闻法师，示寂于新加坡，爰书数言，用资追悼。即以偈颂曰：

宇宙正气育法材，有情无情皆恭敬；
应机逗教扫尘埃，是道非道尽包该。
生长东北奉天省，大哉忍辱常精进；
弘化西南遍地台，不退转兮归去来。

按：

安详法师在 20 世纪 80 年代一度住持沈阳慈恩寺工作，任沈阳市佛教协会会长。《安详师父和慈恩寺》对安详法师的生平事迹进行了比较详细的介绍，值得一提的是，1956 年辽宁省选派安详等三位法师前往北京，在中国佛学院学习。中国佛学院由中国佛教协会主办，院长是喜饶嘉措，1956 年 9 月 28 日，中国佛学院在北京法源寺举行开学典礼，国务院副秘书长张策，国家民委副主任汪锋、杨静仁，以及天主教、基督教、伊斯兰教的代表出席了开学典礼。正在中国访问的国际佛教僧侣代表团和一些国家的驻华使节也应邀参加了开学典礼。典礼之前，举行了隆重的宗教仪式。国务院宗教事务局局长何成湘，国际佛教僧侣代表团团长、印度的巴丹达·阿难陀·柯萨尔雅雅那法师和中国佛学院院长喜饶嘉措在开学典礼上讲了话。1956年的第一届学僧，来自全国24个省、自治区、直辖市，共100多人，分为甲、乙两个班级。其中乙班为预科班，学制两年，培养佛教教务人才，课程除“语文”“宪法”外，依次设有“佛教历史”“佛典通论”“佛学基本知识”“佛教文物常识”“戒律”等科目，学员通过两年的学习，可以担任各地的寺院工作。甲班为本科班，学制四年，课程除“语文”“宪法”外，依次设有“佛学通论”“佛教历史”“因明学”“各宗大意”“经论研究”“戒律”等科目。1959年2月14日，中国佛学院举行首届本科班结业典礼，学僧在毕业后皆多为法门龙象，住持一方。

安详师父和慈恩寺

释安详口述、杨树整理

第一次见安详师父是在阿弥陀佛诞辰日，那一天沈阳的慈恩寺格外热闹，满院子都是来上香的善男信女。安详师父的小屋里挤满了前来看望他的亲朋，他兴致很高，滔滔不绝地给我们讲他的故事。这一年，安详师父已经 87 岁高龄，在慈恩寺落脚也有 60 多年。他曾任辽宁省佛教协会副会长、沈阳市佛教协会会长、沈阳市政协委员。

从街头乞儿到佛协会长

“伪满过来的人都强活呀！”安详师父的这句话道出了几乎所有从那个时代生存下来的东北人的心声。外族侵略，国家动荡，安详师父的早年经历极具典型性，同时也充满了偶然性。也许就是机缘所定，让他从一个无家可归的乞儿，成长为宗教界的领导人物。你听他讲自己的这段经历，就能在眼前浮现出那个风云变幻的时代图景。

我出生在抚顺南杂木的房身，日本侵略东北那时候，搞并屯，把寺庙、住户全烧了，让你上别的屯子住去，不走就把房子点着。[1] 当时，我们正在村子里坐着凉快呢，日本鬼子来了，戴那个帽子，滴拉当啷的，告诉我们，“都走，都走。”咱也不知道怎么回事，他们就点把火，把房檐子全给点着。这是让我们走啊。那时候我十一二岁，没房子了，怎么住呢？就把秫秸[2]搭到牛圈里，在那里猫着睡觉。乡亲们都散了，走的走，逃的逃，亡的亡。俺们那堡子挺大呢，一溜沟两边都有人家，日本人并屯后，烧的就没有人家了。

1 并屯，是日本侵略者在九一八事变后，为镇压反日力量，割断人民群众与抗日武装的联系，烧毁原有村庄，搞并屯归户，制造无人区。

2 秫秸，即高粱秆儿，农村用作燃料。

后来我就流浪街头，要饭吃。走到抚顺，到了新抚顺，有个地方叫欢乐园，有一个露天电影院，后来改成唱戏的。[1]欢乐园是卖故衣的地方，故衣就是旧衣服，“嗨～这个布衣十元啊，两元就卖了。”就吵吵这个。都是我们那么大的小孩，在街上要饭，吃饱了一块玩。市场上有床子，黑天了做买卖的收拾回家了，我们就在那顶上睡。冬天冷怎么整？有摊煎饼的人家，都收拾完走了，摊煎饼的锅还在顶上，热乎啊！就在锅上面趴着睡，身上烙个泡。伪满过来的人都强活呀！

在欢乐园中间有个老君堂，有个慈恩寺来的老和尚在那住。是煤矿上请和尚来讲经，给矿工讲经，就是让工人服从他（日本矿主）领导呗，亲善有功呗。完了每月给多少钱，老和尚用这个钱回去养活庙里的僧人吃饭，庙里还有一百多人呢。我们也常去，在院里溜达玩。老和尚问我们干什么的。我们说：“没有家。”老和尚带我们到抚顺站前的小店，问店主留不，老和尚说：“我给拿钱。”“不留，不留。”就回来了。没有办法，老和尚问：“家里有什么人？”“什么人也没有。”“没有那就出家吧。”到大殿一跪，就这么出家了。出家没被收作徒弟，是徒孙，因为岁数小，人家徒弟都七八十岁了。告诉那个大师傅，领着我到澡堂子洗澡，然后这给个裤子，那给个鞋，那给个帽子，就这么出家了。

1　新抚顺，指抚顺市浑河南岸，千金寨以北的地区。20 世纪 30 年代，日本人为了大力开发千金寨煤矿，强行将此地居民和公共设施北迁，形成了“新抚顺”，即今天的新抚区。

出家来那庙不行啊，老和尚有个弟弟在黑山，也是出家的，就把我送到黑山。不到 18 岁不成人，不让你出家，不给受戒。先在那的小学念书，然后到庙里去吃饭。庙上对我这个小孩挺好，供吃供穿供念书。念日本的书，念诏书，天天上台念，那时候没背下来。[1]

“康德”七年（1940 年）我在慈恩寺受戒，正式出家了。建国后，北京成立中国佛学院，要青年和尚去学习。上哪找和尚去，没办法，政府下令，由各省各市的大寺保送上佛学院念书。我听说了，就跟我们头头说要去，后来同意我去了。我就是沈阳市保送的，一起去的有三个人，全国 24 个省市的青年由政府保送到佛学院念书。政府给我们现做衣服，买鞋、买帽子、买袜子，都是新的。送到北京，在菜市口的法源寺，那就是佛学院，图书馆、食堂都在那儿。那时候分级，甲班乙班，考试分班。考两门，一门是佛学，一门是文化。我考到了甲班，最高级的。文化课让你作文，我忘了写的啥文了，一人写两篇文章，一个佛学的，一个社会的。讲的课程有逻辑学，就是“那边有烟，就有火，有火，就有烟。”礼拜天休息，十点之前回来，去逛街，打篮球，跟大学一样。也有社会活动，义务劳动，挺照顾我，跟着法师、教授一块堆，用小锄头刨土。还上车站接待外宾，那次周总理出席了，我们在边上站着，周总理陪着外宾在我们身边路过。那是第一次看见

1　伪满时期，日本殖民者对东北人民实行奴化教育，强令学校学生背诵溥仪颁布的 5 种诏书。

周总理。

从北京学习回来，安排我在沈阳市佛教协会——就在慈恩寺——当秘书。那时候导尘是会长，导尘死了以后，我就当会长了。

与慈恩寺相伴六十载

从 18 岁受戒出家，安详师父已经在慈恩寺生活了 60 多年。他说：“和尚无家可归，和尚是以庙为家。”我问他对慈恩寺这个“家”的感受时，他却说：“什么家啊，就是有事大家办一办呗。”当讲到红卫兵砸寺院、烧佛经的时候，安详师父突然像孩子似的哭了起来。

慈恩寺是东北有名的古迹，是国家的，那时候别人谁也碰不了。我来那时候的庙和现在是面貌皆非，几乎都扒了，一点都不一样。出庙门就是一片空地，没有二十七中学，前边就是万柳塘的河沟子，那里有个小桥，农民卖菜往城里推，所以就搭了座小桥，菜都送大东门。慈恩寺这地方叫“大井沿胡同”，现在那井还有呢。要找慈恩寺就找大井沿胡同，大南关大井沿胡同，问老人都知道。

这庙从古代就有，从唐朝到现在。怎么说唐朝呢？那碑上写的唐朝啊，不是我说的，当时是小庙，庙小碑小，从那时延续下来的。民国年间才修起来，民国 17 年，步真老和尚，从南方来的，把那个菜园子买下来了，就在这疙瘩地方修庙。老和尚有双大棉鞋，一尺半长，还在那搁着，

“文革”时都整没了。他的骨殖在我们菜园子的三间房底下，也没了，叫红小兵给扬了。

这个大庙就叫“十方丛林”，东北最大的庙。先有的慈恩寺，后来有营口的楞严寺，还有长春的寺。这里就像旧社会的私塾似的，都来这里念书，那些小庙、私庙的和尚都上这来学佛法。慈恩寺保存了最多的佛经，在全世界来说，这些经典就慈恩寺有，别的地方都没有了。有明朝的，有清朝的，梵文啥文的都有，都存在这儿，叫“藏经”。我到北京、广州看他们的佛经，没咱们的好。这都是步真老和尚在庙里当住持时保存下来的。

我从北京回慈恩寺就当秘书，主要就是管收房租子。佛教的房产，收租子，要生活呀！我就管收租子。有三四个人，好几个区，一人分几个区。当时没有别的工作，一个月收一回房租。沈阳市当时的寺庙都合并了，有三个庙装女的，两个庙装男的。各个庙的房产租给当地的老百姓住，收租子，当时政府不给庙里拨款，全靠收租子养活。

“文革”开始后，有一天，我在屋里睡觉呢，红卫兵邦邦敲门，叫我回庙里。到我们学习那屋，大伙把我围起来，红卫兵都提拉个棒子。“你回来了，你的庙叫我们给扒了。”我说，扒就扒了吧，我们这庙有罪，就扒了吧。市政府头些日子告诉我了，说是人家来给你扒庙啊，你可别说别的话。人家事前有嘱咐，不让我乱说话，你得承认有罪，你不承认有罪，能饶了你吗？就这样把我们的佛经在山门给烧了，大伙烧的，一起弯着腰，那边点火。客堂里有个玉石的圆桌面，红卫兵进屋拿棒子咣仓一下砸碎了，那多能耐。很多好的东西，现在全没有了，拆的拆，砸的砸，烧的烧。不用不要紧，是封建迷信的，咱不用它，就放到屋子锁起来，等用的时候再拿出来。

头前那个会长，游大街了，各宗教的会长一起在汽车里站着，戴着大帽子。我那时候是秘书，叫我管事。天主教的、基督教的，还有省爱国会的，都在这儿住，在这儿吃饭。后来把我安排了，安排到清真南寺，在那当保管员，打更，看房子。

“文革”过去了，落实政策，中央来指示了。我在清真南寺，有些人就叨咕，我听到了，说是不让再扒了，扒到现在就行了。后来我们到鞍山胜利宾馆开会，我们这些头头都去学习。我们那个会长就问处长，说：“我给你提个要求，把这个般若寺倒出来。”那时候大南派出所占着般若寺。那天有人告诉我，北京来人了，让我去。来了两个人，我们就到沈河区委协商，区委的人说：“你们回北京去吧，这事我们办。”北京的人说：“你办好了我再走，不办好我不走。”后来大南街道办事处把院里头的房子倒出来，给了大南派出所用，他们就把般若寺给腾出来了。后来有人跟我说：“你们佛教硬啊！说腾出来就腾出来了。”我说，那是人家政府政策硬，我们说话可不算。

“文革”以后，国家给拨款了。一年给宗教拨 20 万，由我管。20 万干什么呢？有 5 个宗教，哪个宗教需要钱，就给哪个宗教花。明年他需要了，给他花，后年我需要修什么了，就给我花，没有固定的。当时有宗教局。宗教局给我们分配，我们用钱就跟宗教局说，宗教局把钱给我们，我们就修缮啊，“文革”期间给扒了，能不给修吗？

现在是宗教最好的时期，各地修庙的，化缘的，也有许可了，政策放宽了。慈恩寺也出名了，很多外国人，日本人、韩国人来这里学佛法，我接待。还有个外国人要来慈恩寺住，我说，你上国务院，到那里接触，同意了才能给你安排。

人能弘道，非道弘人

说到讲经，安详师父有些语录很幽默且发人深省，“哪能讲经啊，就是讲故事，让人做好事。”“你不会，教经师拿大烟袋锅打脑袋。”“你要这本书飞起来给大家说，能行吗？”佛教的经典是很深的，让普罗大众听懂并接受，是佛的宗旨。佛教是佛的教授，用不同的方式让不同的人得道。安详师父的只言片语中，应该有很多我们可学的东西。

人呢，能弘扬道，道不能弘扬人去。这就像什么呢，有人来启发，愿意成立学校，那就造就有知识的人。你要总不扫盲，总是文盲，那就没办法了。所以在人，人要是不动，就等着一本书说话，不可能。你要这本书动起来，飞起来给大家说，能行吗？那不行。“人能弘道”，人能弘扬道理，讲的是道理。“非道弘人”，道不能指使人去。道不能是教授，去讲课去，那不可能。人，给安排这里来讲课。所以“人能弘道”，弘扬这个道理，“非道弘人”，在人。

佛就是觉悟的人。佛是自觉，觉他。自己明白了，还要告诉大伙都明白，觉他。把人民都渡成佛了，佛也成佛了。悟就是不被一切尘埃迷惑。用白话说，你当个干部，不被事务迷住。到哪一看，就知道怎么回事。检察院的检察官，告你不告，一看就明白。不明白怎么当检察官呢。

佛教讲六道轮回，这也是一个因果关系，不是佛净讲鬼神迷信了。不是那意思，国家也是这样，你舍弃自己的利益帮助别人完成任务，这是好因。到时候别人就尊敬你，恭敬你。有好因就得到人家的好话，善因善扬。你再有事呢，他也帮助你。

佛教讲要断一切贪、嗔、痴。所有好的都你拿去，大伙也不愿意呀，这世界不是给你一个人享受的，是给大家享受的。这怎么办呢？就要劝导人民减少欲念，多给大家谋好事，你也贪我也贪，都给你拿走了，都让你吃了，那样不好。

佛是讲庄严啊！不是讲破烂。庄严有利于人们来祝福，看见佛穿的挺好，很齐整的，就有恭敬心。我们的外交工作，国家拿钱来买新衣裳。外交代表国家。你呢，你代表宗教，你会长穿破烂，叫人看到太有点不适当了。穿好穿齐整，大家都喜欢，都高兴。

照元长老

按：

照元法师在 2003 年至 2015 年任沈阳慈恩寺方丈。

人天师表，一方龙象：记原辽宁省佛教协会会长照元长老

程显好撰

做了 13 年辽宁省佛教协会会长、2014 年底[1]刚刚卸任的照元长老，在全省四众弟子心中留下了美好印象。在采访过程中，我

1 时间应是 2015 年，以当事人口述为准。

一次次被人们口口赞扬的这位学识渊博、修为严谨的“老和尚”深深感动。

髫年学佛，壮年出家

照元长老1938年生于海城乡间一个佛化家庭，其母虔诚信佛，照元长老6岁时就经常跟着母亲到附近寺院烧香拜佛，在幼小的心灵中埋下一颗信仰的种子。1957年，照元长老从鞍钢技工学校毕业，被派到包钢，支援三线建设。1963年又下放回到海城，“支援农业第一线”。之后，他成了家，做临时工自谋生计，干过管工、木工、电工……

生活千变万化，照元长老心底的那颗种子却深藏不移，且渐渐发芽，不断滋长。1966年，照元长老偷偷拜海清寺的旭朗法师为师，成为一名在家居士。

时值“文革”前期，此举无疑会给自己带来意想不到的后果。果然，1967年，正在鞍山电业局打工的照元突然被造反派拉出批斗，罪名有两条：一是信佛，二是有海外关系。这在当时无须任何解释，信佛就是大逆不道，何况你师父还在国外！古今中外，因信仰而遭受打击的，代不乏人。“文革”十年，此风更是登峰造极。

照元长老是个有心人，“文革”批斗令他更加关注国家大政方针，经过认真思考，他坚信：宗教信仰自由是宪法赋予公民的基本权利，日后必会好起来。后来的发展，验证了照元长老的判断。

“文革”结束，1979年照元长老进京上访，偶遇浙江天台山国清寺一位僧人，告其政策有变，可以出家了。照元长老闻讯大喜，随后就跑到国清寺，请求剃度。无奈人家不收外省人士，照元长老只好返回海城。没多久，他给县委统战部和县宗教处写信，正式申请出家。得到批准，42 岁的照元长老终于找到精神寄托的家园，高高兴兴背着行李、带上粮食，到千山龙泉寺落发为僧。当时照元长老在一家电机修理厂做购销员，月入一百六七，相当于两个八级工的工资。如此高收入，说不要就不要了？周围人大为不解。可是，有坚定信仰的支撑，这些身外之物对照元长老已不在话下。

五台求戒，南京受业

出家后，照元长老一心修学，功课大有长进，目标也更加明确。1981 年，五台山广宗寺传授三坛大戒，照元长老闻讯，就和师兄弟传文一道赶去。一坛戒下来，受益匪浅。回到千山，由于因缘不合，两人打算外出云游，增长法益，用照元长老的话说，叫作“走出千山向万山，娑婆何处不弥陀”。可是，一到沈阳，当时的省佛协会会长逝波法师就把他俩留到慈恩寺。为考察与历练两人，逝波会长让他们参与慈恩寺天王殿和般若寺的修建工程。这段时间，照元长老学会了上欂、瓦瓦，还发挥此前的木工专长，为般若寺制作了饭橱、拜墩儿、团圆桌等等。这些用具，至今还在。逝波会长看照元法师聪明又勤恳，有心培养他。

1982 年末，省佛协送照元长老去南京栖霞寺僧伽学习班学习。此间，照元长老佛学修养大大提高，其办事能力亦得到栖霞寺方丈茗山长老的首肯。学习班结业不久，逝波会长又向中佛协申请，送他去中国佛学院深造。结果因年龄太大（这年照元长老 47 岁），未能入学。后经中国佛学院院长传印长老和中佛协会长赵朴初两人共同推荐，照元长老再度回到南京，入读中国佛学院栖霞山分院。在南京，院长茗山法师安排他做学监，一边读书，一边负责学员管理，既增学业，又长经验。照元长老深知此次读书机会之难得，学习分外刻苦，课上笔记、课外作业，屡获师长称赞。毕业返回沈阳，老会长逝波已于一年前故去，果智法师接任会长。

由于学识渊博、为人坦诚、处事周全，照元长老深得人心。1986 年，辽宁省佛协换届，照元法师被选为副秘书长。1992 年再次换届，照元长老当选副会长。2002 年，在省佛协六代会上，65 岁的照元被推举为辽宁省佛教协会新一届会长。之前，由于果智法师病逝，照元副会长已主持会务多年，深孚众望。

以戒为师，以身作则

照元长老中年出家，对人生苦乐、社会百态已有相当体验，所以，出家后即抛却万缘，一心向道。加上出家前已学佛多年，之后又连续深造，道心更加坚固，修行亦更加精进。在实修中，照元长老深悟：佛教所修戒、定、慧三学，持戒是本，若无持戒的基础，定、慧之学就无法引发。有了戒律约束，才知道什么该做，什么不该做，否则就会滋生不良习气，使修行者退失道心，甚至殊慢因果。学佛只有严持戒律，才可能获得真实道果。

照元长老不仅叮嘱弟子们要在持戒、守戒中长养功德、增长福慧善根，他自己更是严持清净禁戒，一言一行都在示现正法修行，对身边弟子、信众发挥言传、身教的榜样作用。谈起照元长老的戒行，熟悉他的人个个感慨万端。

辽宁省佛协副会长、沈阳弥陀寺住持思忍法师快言快语：“我在师父身边 22 年，师父的特点是：一没是非，二没隐私。人前人后、台上台下，都是本来面目，完全透明。佛协章程透明，寺院制度透明，饮食起居一概透明，事无不可对人言。每个月哪天做什么，答应人家什么事情，都清清楚楚写在台历上。师父的台历，就是他的起居录，就是一本本弘法日记。师父行走坐卧严格自律，处处想着别人。早年住大寮，师父每天睡前把衣服叠好、挂好，凌晨起来摸黑就穿上，怕影响别人。后来我们住他隔壁，都不知他几点起床；你 4 点起，他可能 3 点就起来了，起来不打灯，摸黑穿衣服，早起做功课，谁都不影响。”“师父从来没有是非，不做捅咯肢窝的事儿。你要是有啥咕咕球球、占点便宜、动点歪心眼的事儿，千万别跟他说。这么多年，就是正事正办，不说悄悄话。”“我在慈恩寺出家 20 多年，没挂过窗帘。刚出家时师父就说：‘没啥见不得人的事儿，你挂它干嘛。换衣服把灯一闭就行了嘛。’师父自己就从不挂窗帘。”

省佛协副会长、锦州北普陀寺方丈道极法师说起照元长老，一脸崇敬：“老和尚既没给我剃度，也没给我授法，但我崇敬老和尚的道德人品、气质修为。老和尚为人处事不卑不亢、举止言谈落落大方，散发一股佛教徒的高尚情操，够我们学几辈子的。”“老和尚干净、勤俭，得病前衣服都是自己洗，升座了也只住一个小房间。外出弘法，不单吃，不独宿，不独行，到哪都有弟子陪同。老和尚至今没有手机，只用座机。前几年我想送他个手机，被骂回来了，他说揣个手机难免影响清净修。”“老和尚要求自己特别严格，有谁要想为他做点额外的事，他要觉得不对，宁可骂你也不让你犯戒，他是在舍身救别人，为你培福，免你造业。”

锦州玉佛寺住持大法法师是道极法师的徒弟，因为师父依止照元长老，他一直称老和尚师爷。他说：“师爷非常慈悲，喜欢和我们开玩笑，又威严，又有亲和力，对我们这代弟子格外关照。每年我们随师父去看望师爷，他从来不收我们的供养，还给我们发红包，弄得我们很不好意思。我们几次跟师爷外出弘法，不论多小多破的庙，只要请他，他一定会去。有时一张破桌子铺块布，一把破凳子，他就坐在那里认认真真做开示。老和尚的话，大家听了欢喜，非常受益。以省佛协会长之尊，却没一点儿架子。师爷有糖尿病，我们有时忘了给他准备合适食品，他也从不责怪，让我们心里很过不去。”

沈阳市佛教协会思涛法师是沈阳人，出家前见到的第一位僧人就是他的师父照元长老。他说：“这么多年来，我始终记着师父的三句话。第一句是1992年我来慈恩寺要求出家，师父见我机缘未到，对我说的：‘学佛不一定出家。’师父说，出家不是目的，要解脱当下烦恼，在家学佛也能达到。待我后来升起信心，决定出家，师父又说一句话：‘要做和尚，先做婆娘。’意思让我经受各种历练，洗洗涮涮、缝缝补补、烧火做饭，都要亲力亲为，不给别人添麻烦。师父说‘你这城里孩子，麦子韭菜都分不清，先去大锅做饭，培培福报。’私下又嘱咐思静：‘他炒菜炒不好，你去帮帮他。’实际就是找人带我。老和尚虑事周全，处处为他人着想。比如外出弘法，带谁去，去几人，完全考虑实际需要，尽量减少对方接待负担，总说‘帮忙的事儿多去，露脸的事儿少去’。”说到这，思涛法师深有感触：“我们这些师父身边的人，做事都尽量不麻烦别人，已经成了一种‘门风’。”“我们就是从师父日常的言谈举止中感受他老人家的精神境界，深深受益。”后来，思涛法师去厦门读书，走前向师父辞行，照元长老又对他说：“未成佛道，广结人缘。”几句话让思涛法师受用无穷。

求贤若渴，礼贤下士

为了发展辽宁佛教事业，照元长老千方百计延揽人才。2004年10月，盖州一家寺院请正在新加坡做访问学者的意坚法师讲授菩萨戒，照元长老了解到意坚毕业于中国佛学院并曾留校任教，乃稀缺人才，便极力挽留，为之提供诸多方便。意坚法师深感老和尚诚意难却，便答应留下，打算过一段时间再伺机南归。谁想后来的事情让他怎么也说不出“离开”二字。比如几天后意坚正式来沈，身为辽宁省佛协会长的照元长老亲自到车站迎接，之后不久，任命意坚法师为书记法师，专门负责讲经说法。在当年五一后的第一次讲经活动中，照元长老身着海青，亲敲引磬，领着慈恩寺所有执事、大众，排着班，迎请意坚法师升座讲法。意坚法师大为感动，他说：“我在国内外讲经无数次，方丈和尚如此礼贤下士，这是唯一的。”还有，意坚法师擅书法，老和尚就命人把慈恩寺库中所存20世纪60年代杭州西泠印社制作的上好宣纸拿给意坚法师使用……东风化雨，意坚法师终于把心留了下来，一晃已经待了12年，现任沈阳市佛教协会常务副会长。他说：“看来我和辽宁有缘，和老和尚有缘。”

照元长老慧眼识人、唯才是举。除意坚法师外，省佛协的道就法师、本溪的照虔法师、丹东的悟性法师、葫芦岛的正定法师，都是被老和尚看好，诚意邀请，而从南北各地聚拢到辽宁来的，各自都在自己的位置上为辽宁佛教做出了重要的贡献。

八方传戒，四出弘法

照元长老深知受戒、守戒对僧团建设的重要，多年来不遗余力深研戒律并参与传戒活动。照元长老本人 1981 年五台山受戒时就做过沙弥头，1982 年慈恩寺传戒法会上又给戒和尚澍培长老当侍者，格外受益。1984 年在南京读书时又专门研习过三坛大戒的知识与仪轨。有了这些基础，1985 年长春般若寺第一次传戒时，照元长老就因戒行清净且熟悉毗尼作持和传戒仪轨，而被安排为引礼师，负责整个戒期的教义讲解。照元长老做事历来认真，比如戒场中的羯磨法师会，别人都只是用嘴说，照元长老却能严格拉出南京宝华山的古韵调来。2006 年 5 月，锦州北普陀寺举办三坛大戒，特别恭请通达经律的照元长老为三师中的戒和尚。2010 年 8 月，千山龙泉寺传戒，照元长老仍被请做戒和尚。老和尚凡事亲力亲为，一丝不苟，结果，戒期没结束，老和尚就病倒了，传戒十师和全体受戒人员无不感动涕零。

照元长老担任会长以来，十分重视寺院建设、僧才培养与僧团建设。在他的直接过问与切实努力下，辽宁省的各级活动场所总数由他接手会长时的 72 所发展到他卸任时的 360 多所。而全省各地的方丈也由开始的 2 位发展到后来的 17 位。可谓软件硬件齐头并进，为本省佛教事业的长远发展积累了良好的人力与物力资源。

因为资历具足、学识圆满、德行服众，许多寺院的方丈升座时都请照元长老送座，如锦州道极法师、济南弘庵法师、双辽满丰法师、朝阳道宣法师、葫芦岛正定法师、汕头龙道法师、秦皇岛圣清法师……一些寺院住持专程来沈阳请照元长老传法，如济南千佛山兴国寺弘庵法师、无锡永兴寺觉弘法师。虽然不在辽宁省内，照元长老照样把这些看作自己应该承担的如来家业，不辞辛苦，欣然乐往。

30多年来，照元长老的弘法足迹遍及辽宁城乡的数百寺庙。原新宾县佛协会长徐国建谈起照元长老早年在新宾弘法的往事，至今感慨不已。他说："94、95、96三年，已是省佛协副会长的老和尚连续三年到新宾普觉寺传授三皈五戒，先后为1187人做了皈依，为167人授五戒。每次都是从沈阳坐长客到老城，再跟我们一起步行2公里到寺院。上午做完皈依，接着还要给四方赶来的信众做开示，一连几个小时，讲如何学佛修行，讲如何做人做事。老和尚平易近人，深入浅出，大伙都听不够。当晚老和尚坐末班车往沈阳赶，几十个人送到路边站点依依不舍。老和尚来新宾，从来不收一分钱，来回路费都是自掏腰包。最后那次大家实在过意不去，就把路费递给司机，老和尚见了，请司机停车，又把钱从车窗扔给我们。老和尚总说：'你们把这些供养用到建庙上，让更多的人从中受益才是。'"

面向未来，广植善根

照元长老在省佛协会长的岗位上兢兢业业，勤恳耕耘，培养了大批优秀僧才。如今，抚顺、锦州、葫芦岛等地的佛协会长和省内外数十所寺院的住持都是他的弟子。多年间，照元长老与已故赵朴初会长以及明旸长老、茗山长老、觉光长老、本涣长老、永惺长老等境内外大德高僧结下深厚情谊，时相往来，为辽宁佛教的兴隆广植善根……

1997年7月1日，中国佛教协会组成以明旸长老为团长的代表团，前往香港，出席庆祝回归的相关纪念活动。在一行12位内地高僧中，照元长老是东北地区的唯一代表。在这次活动中，照元长老又一次深深体会到佛教事业与国家命运的息息相关。

在2014年底召开的辽宁省佛协七届一次理事会上，照元长老被礼请为名誉会长。在2015年4月的中佛协第九次全国代表会议上，照元长老被推举为中佛协咨议委员会副主席。

谈到将来的打算，照元长老的一句话让我们思忖良久："我出家的宗旨就是弘扬佛法，这个目标永远都在前方。"

按：

盖忠法师1994年出家，1995年来到沈阳慈恩寺，自2015年起担任慈恩寺住持。

专访释盖忠法师：佛法是更高层次的慈善[1]

记者　刘长杰

他率先响应政府"暖冬工程"，亲手把急需物资交到困难老人手中；他带领一群佛友和信众，首开"云水情深，爱满人间"公益慈善捐赠法会，公开承诺"慈恩寺月行一善"；他把"为祖国分忧，为社会尽责"理念根植内心，发愿"一生投身慈善，直到生命终结"。

他，就是沈阳市慈恩寺住持释盖忠法师。

2016年12月10日，"云水情深，爱满人间"公益慈善捐赠法会在沈阳市慈恩寺举行。辽宁省、沈阳市宗教局和民政局领导，沈阳市佛教协会同仁，受助单位代表以及来自社会各界的信教群

1　文章来源于博客中国中访网专栏，时间2016-12-30。

众 150 多人参加了活动。

会后，在盖忠法师的带领下，33 万多元的生活物资按照受助人员的数量，分别捐赠给沈河老年休养中心、沈河博爱老年休养院、大东区社会福利院、大东博远老年休养院、皇姑区社会福利院共五家单位。

暖冬工程

中访网：近日，慈恩寺隆重举行了公益慈善捐赠法会，请谈谈这次法会的前前后后。

盖忠法师：这次公益慈善法会，是慈恩寺联合沈阳市兄弟寺院一同举办的，是慈恩寺“云水情深，爱满人间”月行一善的发

端，更是响应国家号召，落实宗教局“慈爱人间，五教同行”工作部署的具体行动。

事实上，这一次沈阳市佛教协会开展的“暖冬工程”，已发动全市各寺庙、念佛堂，配合当地社区、村镇帮扶生活贫困家庭，共投入资金350万元，受益群体近3000困难户。

中访网：如何理解佛教和慈善之间的内在联系？

盖忠法师：慈善事业是社会文明的重要标志，是充满人道关怀的光荣而崇高的事业。佛教中常用“云水生涯”来形容我们出家人，生要像白云飘浮自由，像流水婉转自在，在人世间践行佛法真理，撒下菩提种子，让众生都能享受欢喜、奉献。佛教伟大的导师佛陀于菩提树下开悟正道，并于世间行化宣说种种离苦得乐、拯慰赈济的法门。自古以来，佛教徒为实践佛陀“应病予药，拔苦予乐”的慈悲教法，栉风沐雨，薪火相传，筚路蓝缕，玉汝于成。

当然，我们也必须看到，宗教的发展与社会发展休戚相关。佛教的兴盛，与时代兴盛是同步的，共振的。今天佛教如此兴盛，是因为今天的中国如此兴盛。

报慈谢恩

中访网：请介绍一下“十方丛林”慈恩寺。

盖忠法师：慈恩寺是沈阳市最大的佛寺，有“十方丛林”之称，是东北四大佛教丛林之一，其他三座分别为长春般若寺、营口楞严禅寺、哈尔滨极乐寺。

慈恩寺始建于后金天聪二年（1628年），清顺治、道光及民国年间均有扩建和重修。

1949 年以来，慈恩寺一直为省、市佛教协会所在地，殿堂经过多次维修，已恢复原貌。1985 年被列为沈阳市文物保护单位，1988 年又被列为辽宁省文物保护单位，现为沈阳市佛教协会所在地。

中访网：您个人修佛经历与慈恩寺的交集？

盖忠法师：我出生于 1970 年，是重庆人，本名罗玉泽。从小受姥爷、姥姥和父母的影响，耳濡目染，有心向佛，性格独立，有施舍心。17 岁当兵，在部队里就选择吃素。没有恋爱史，没有婚史。1992 年 12 月复员返回重庆，次年 5 月离开重庆来沈阳，之后去黑龙江省尚志市山中小寺苦修。1994 年 7 月，赴鞍山香岩寺上宝下和老和尚门下披剃出家。1995 年回到沈阳慈恩寺，次年开始管理慈恩寺斋堂。1997 年远赴福建佛学院进修，1999 年返回慈恩寺主管后勤。2003 年，开始任监院。2015 年 8 月，接任慈恩寺住持。

慈恩寺是我修佛和觉悟的地方，也是伴我成长和让我精进的寺院，我很感恩。

中访网：请详解慈恩寺的“月行一善”。

盖忠法师：中国佛教公益慈善历史久远，源远流长。在人类面临诸多挑战与灾难的今天，我们不仅要继承传统、适应当今社会慈善的发展规律，还要牢牢把握宗教与社会主义国家相适应的核心问题，在“围绕中心，服务大局”的大框架下，为中国的经济社会发展做出我们的贡献。

“云水情深，爱满人间”是慈恩寺未来一段时间积极推进公益慈善事业行动的代号，“月行一善”则是进行公益慈善行动的时间规划。我们将以此次捐赠法会为缘起，发挥佛教自身优势，今后除了开展扶贫帮困、救助救灾类的活动外，还将大力发扬文化优势，以文化、教育为切入点，开展一系列弘扬慈善文化的活动和项目；与兄弟寺院多交流多学习，将继续秉持佛陀“无缘大慈，同体大悲”的精神，把公益慈善事业经常化、持久化；在十方大众的护持下，共同努力，以解除众生悲苦为目标，不断向造福人类的大道迈进，无休无止，努力不懈。

在爱满人间的舞台上，我们将力推永不落幕的慈善。我们呼吁社会各界积极行动起来，为社会大家庭增添有质量的幸福，为芸芸众生寻求更广阔的生活空间。我们希望通过月行一善，让慈善作为一种文化价值在社会各个领域传播开来，多关心弱势群体，净化人心、净化社会、促进和谐，携手并肩，一道实现幸福的人生！

布施苍生

中访网：佛教中有慈悲，有行善，但没有“慈善”这个词。社会通行的认知是，慈善事业是人们在没有外部压力的情况下自愿地奉献爱心与援助的行为和从事扶弱济贫的一种社会事业，是通过救济、援助或者捐赠等手段来达到对人类的热爱或增加人类的福利。与“慈善”相对应的佛教概念是哪一个词？

盖忠法师：布施。这是佛法中一个与“慈善”类似的核心概念。可以说，佛教的布施观包含了慈善的本质。布施，是“以己财事分与他，名之为布；己惠人，名之为施”。慈善，则是升起一颗善良的心，“宁求众生脱离苦，不求个人得安宁”。

佛教讲众生有难，大慈大悲，循声救苦，无处不献身。我认为慈善就是带着一腔善意，行善积德。信，愿，行。你去做了，才是行善，即心口合一。

心有慈悲，行有布施，是修佛的第一步。菩萨行概括起来最根本的就是六度：布施、持戒、忍辱、精进、禅定、智慧。“度”的梵语音译是“波罗蜜多”，意思是“到彼岸”，即通过这些修行可以把自己和众生从痛苦的此岸渡到解脱的彼岸。六度的第一个就是布施度，布施是大乘行者必须修学、首要修学的内容。

中访网： 我们常常把慈善简单地等同于捐赠财物给需要的人。除了捐赠财物，“布施”还包含着哪些核心内容？

盖忠法师： 布施分为法布施、无畏布施和财布施。法布施，就是正确地教导佛法。无畏布施，就是把众生从恐怖和畏惧中解救出来。财布施，是把财物等施舍给需要的众生。佛法认为，三种布施当中法布施的功德最大，因为法布施对众生的帮助最大，就好像施舍给贫穷的人钱财，不如教会他一种谋生的技术或者致富的方法利益更大。其次是无畏布施，因为无畏布施是把众生从各种灾害的恐惧中解救出来，比一般财物布施的利益也要大。

佛法把布施作为重要的修行内容，不只是简单地给予众生财物帮助，还有其深刻的内涵。20世纪80年代我国落实宗教政策后，佛教恢复生机，佛教组织和广大佛教徒秉持“庄严国土，利乐有情”的本怀，发扬佛教乐善好施、扶危济困的传统，积极参与社会公益活动。

我们可以引述相关资料来印证。在20世纪80年代，佛教界开展的重大公益慈善活动有：向中国残疾人福利基金会捐款，为修复长城、抢救大熊猫等活动捐款，为大兴安岭林区火灾受灾民众捐款。20世纪90年代，佛教界的慈善公益活动迅猛发展，如为1991年华东大水灾、1996年华中地区洪灾、1998年长江等水域洪灾捐款捐物等。进入21世纪以来，我国佛教界从事公益慈善事业的人数更多、规模更大，如2003年抗击“非典”中，佛教界踊跃捐款；2005年初，中国佛教界为援助印度洋海啸灾区捐款1000多万元；2008年汶川特大地震灾害发生后，佛教界在很短的时间内就为灾区捐款1.45亿元。此外，佛教界还以自己特有的方式，举行法会，安抚人们受伤的心灵，如2008年5月29日，中国佛教界在成都宝光寺为汶川地震灾区举行祈福追荐赈灾法会，现场募集善款2600万元；2009年5月12日，时值汶川特大地震一周年，中国佛教界又在四川省什邡市罗汉寺举办了“佛教界为5·12汶川特大地震一周年遇难者超度，为灾区祈福法会”等。

向上的善

中访网：2014年3月，习近平主席在联合国教科文组织总部发表讲话，指出“佛教产生于古代印度，但传入中国后，经过长期演化，佛教同中国儒家文化和道家文化融合发展，最终形成了具有中国特色的佛教文化，给中国人的宗教信仰、哲学观念、文学艺术、礼仪习俗等留下了深刻影响”。您如何理解这句话？

盖忠法师：当今时代人们对于佛教的认识越来越接近事实。凡对大众身心生活有所助益的事业均视为己任，佛教的和平、理性、仁爱的精神，让越来越多的明智之士认识到佛教是慈悲、理性、和平的宗教。

佛教自传入中国已经有两千多年的历史，在历史的演变和发展中与中国固有的思想文化相融合，形成了具有中国特色的佛教思想。佛教的慈悲为怀、众生平等、止恶行善、利他主义的人文情怀，慈善、容忍、诸恶莫作、众善奉行、自净其意的伦理观，已经成为国人宝贵的精神财富和净化人心的良药。

佛法是正解，是教育人走正道的哲学体系。人修佛当一生行善，普度众生。人做不好，谈不上修佛，更谈不上成佛。

当今的慈善，业已成为社会事业中引人瞩目的力量。遗憾的是，大多数的慈善仅仅局限于财物捐助、扶助上，而包含着生命观、心灵慰藉和财物扶助三重法力的布施，其关怀的范围从生活深入至生命，从肉体上升到灵魂，是一种更高层次的慈善，是一种向上的善。因此我们可以说，佛法是一种更高层次的慈善。

中访网：通常情况，慈善活动的对象、范围、标准和项目，由施善者确定。由慈恩寺首推的“暖冬工程”，为何首批受助单位是老年修养中心、社会福利院等机构的弱势群体？

盖忠法师：佛教传入中国后能逐渐立足并深深植入中国文化传统之中，有着多方面的因素，包括对中国本土文化的依附、适应和变通，得到政府支持等。但佛教能够深入民间为广大民众所接受所认同，其对底层民众、弱势群体的关爱、布施，是一个重要的因素。佛教在历史上，就建有义仓、悲田坊、安乐坊、养病坊、安济坊等许多实践布施的事业，它们在民间的影响是不可低估的。

慈恩寺带动十方丛林，救苦救难，月行一善，扶助弱势群体，既是佛法布施传统，更是人民的需要，我们会持之以恒地进行下去。下一步，慈恩寺将和信众一道，去建安养院、希望小学，资助孤儿院、贫困学子。

中访网：当今慈善，既有低调平和、不为人知的慈善，也有和风细雨、润物无声的慈善，还有高调行事、张扬暴力的慈善。身为捐赠方，慈恩寺怎样看待行善者的态度？

盖忠法师：佛法认为，当“舒颜平视，含笑先言，随对何田，皆应恭敬，亲手应时，于他无损，耐难行苦，而行惠施”。我的理解是布施时应当态度友善欢喜，不让对方感到压力，不论对方是谁都应该尊重恭敬，且自己亲自及时布施，布施不损害第三人，布施时自己要耐得住困难和艰苦。

中访网：从寺院管理的角度看，弘扬佛法和月行一善，是矛盾的吗？

盖忠法师：从佛法解，不但不矛盾，而且很和谐。《大智度论》云：“大慈与一切众生乐，大悲拔一切众生苦。大慈以喜乐因缘与众生，大悲以离苦因缘与众生。”佛的这种慈悲是深厚的，清净无染的，视众生如己一体。

佛教的根本宗旨是弘法利生，所谓“弘法是家务，利生是事业”。弘法就是以正法来根治人心，即陶冶灵魂，提升人性；利生就是与乐拔苦，慈悲喜舍，利乐有情。而慈悲正是佛法的根本精神，也是利生的最终目的。弘法与利生是互动的，弘法可以使众生明了惜缘、知苦的生命实相，利生可以让有情更懂慈悲报恩的佛教本怀。

中访网：布施遵佛法，慈善守法律，如何理解和协调两者关系？

盖忠法师：我想慈恩寺做慈善，首先必须树立这样两个观念，也是必须坚守的两个原则：其一是树正念，走正道，根据自身实际和社会需求，合理制订计划，深入把握受助对象的需要，坚持爱心至上，尽力而为，量力而行；其二是与时俱进，走专业化慈善道路，即按《慈善法》和《沈阳市关于促进慈善事业健康发展的实施意见》的要求，走现代化、法治化慈善道路，增强公益慈善活动的计划性、针对性和规范性，提升佛教慈善事业的专业化水平。

庙宇建筑

寺院坐西朝东，正面有山门三楹，小式硬山造，灰瓦顶。跨过山门，南侧为钟楼，北侧为鼓楼，均为歇山九脊灰瓦。中路最前为天王殿，面阔三间。向西依次为大雄宝殿、比丘坛、藏经楼。寺院南路自东而西有退居寮、厨房、司房、齐堂、禅堂、法师寮、佛学院等；北路建筑有养静寮、客堂、念佛堂、方丈室、十方堂、库房等。全寺共有房屋 135 间，建筑面积达 2995 平方米。

山门殿

慈恩寺山门殿，即穿堂门。门外对联：“大转法轮人天普济，悲运同礼四众皈依”。此殿坐西朝东，与一般佛教寺庙坐北朝南不同。汉传佛教寺院的大门一般都称为“山门”，山门一般有三个，象征“三解脱门”：空门、无相门、无作门。慈恩寺山门为硬山顶，内塑锻铜金刚力士像，内绘飞天等壁画。山门东西两侧各有掖门一座。山门殿类似于佛教寺院的“传达室”。

位于慈恩寺山门前月台角落处的六角形石幢，上刻《重修慈恩寺刹竿记》，刻于 1934 年，字迹已模糊不清。“刹竿”即“经幢”，古印度有把佛舍利藏在“刹竿”里的做法。《祖庭事苑》卷二中有记载：“列刹。应法师云：浮图名刹。讹也。应云剌瑟致。剌，刀割切，此云竿，人以柱代之，名为刹柱，以安佛骨，以西国竿头安舍利，故即幡，刹竿也。《长阿含经》云：若沙门于此

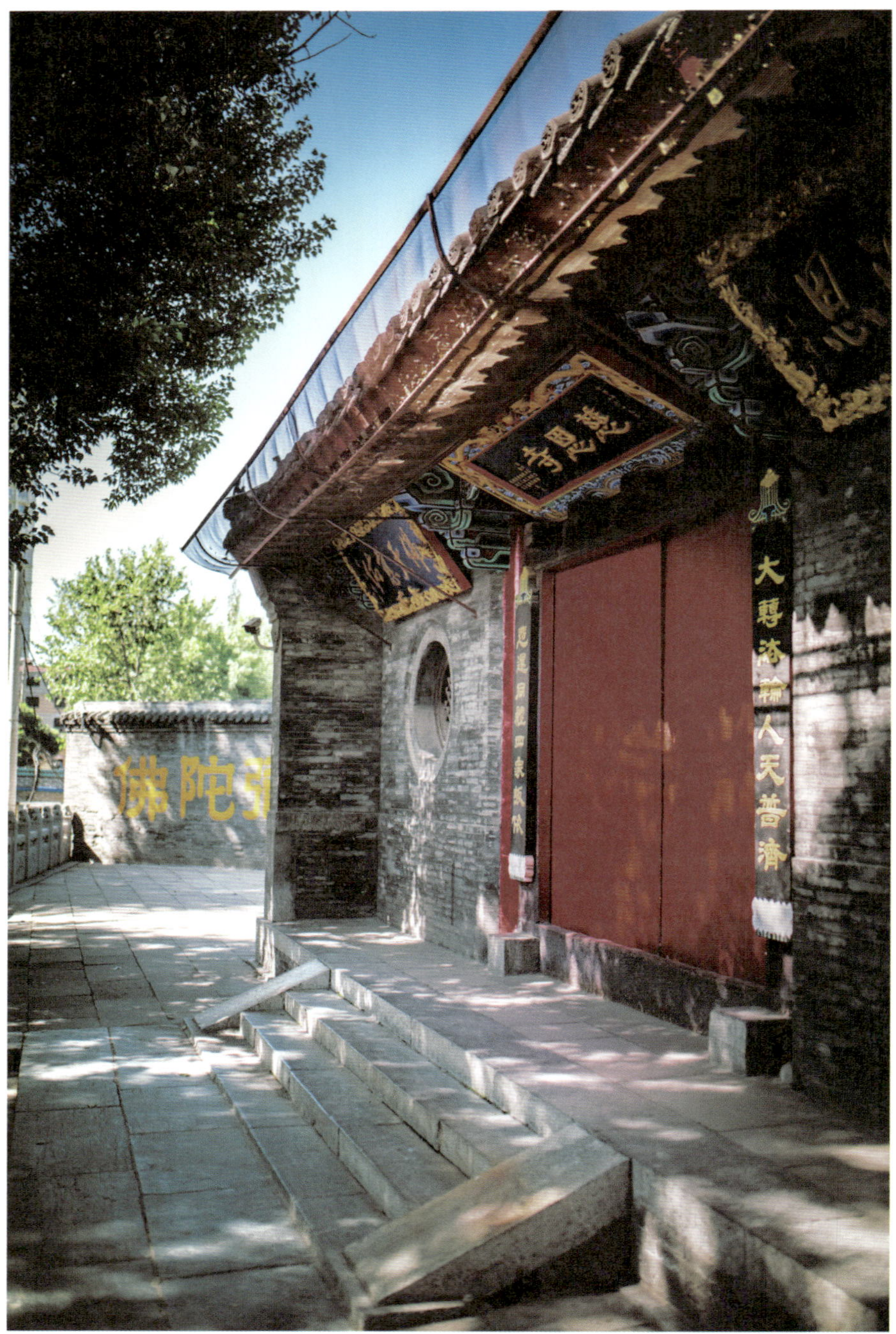

山门殿

重修慈恩寺所立石幢

法中勤苦得一法者，便当竖幡告四远，今有少欲知足之人居此。”经幢是汉传佛教一种重要的石刻，凿石为圆柱或棱柱，一般为八角形或六角形，高三四尺，上面有盖，下附台座。经幢各面及柱头部分，都刻有佛像或佛龛，在雕像下面遍刻经咒。武则天时代经幢开始流行，以刻《佛顶尊胜陀罗尼经》最为常见，辽金之后《准提咒》也颇为常见。

根据《佛顶尊胜陀罗尼经》的记载，三十三天上有一位善住天子，梦到自己将会在七天后命终，死后七次轮回成畜生恶道身，还可能堕入地狱。梦醒后善住天子十分恐怖，请求三十三天之主帝释天搭救。帝释天前往祇园精舍，请求佛陀设法解决。佛陀传授《佛顶尊胜陀罗尼经》，能净一切恶道，能除一切生死烦恼。仪凤元年（676 年）有北印度罽宾国僧佛陀波利到五台山，后又回国取来《佛顶尊胜陀罗尼经》，该经随后在武则天时代开始普遍刻于中国的经幢上，据说按照顺时针方向绕经幢至少七圈，口诵《佛顶尊胜陀罗尼经》就能消除罪孽。

钟鼓楼

钟楼位于东、西中轴线北侧；鼓楼位于东、西中轴线南侧。

汉传佛教寺院基本上都会安置钟鼓楼。“晨钟暮鼓”，即早晨先击钟，以鼓应之；晚上先击鼓，以钟应之。击钟用杵，宜缓，

钟楼

鼓楼

扬声欲其长。破晓前连击 3 通，每通急缓各 18 椎，三通总计 108 声；亦有紧 7 下，缓 8 下，平平 20 下，是为“一通”，如是者三，便为“三通”，最后再撞三下，共撞钟 108 下。敲钟 108 响的习俗，最早可见于宋代诗人米芾的晚钟诗：“龟山高耸接云楼，撞月钟声吼铁牛。一百八声俱听彻，夜行犹自不知休。”敲钟 108 下，对治的是人生 108 种烦恼。所谓“钟通三界，鼓跋幽冥”。

天王殿

慈恩寺内第一座大殿是天王殿。

天王殿因殿内东西两旁供四大天王像而得名。天王殿正面供奉“当来下生弥勒尊佛”，前廊楹柱上的对联是“大肚能容容天下难容之事，开口便笑笑世间可笑之人”。天王殿前廊右侧有一通古碑，为清顺治乙酉年（即顺治二年、1645 年）立，据辨认此碑上所刻应是《沈阳慈恩寺碑记》，碑文下部风化较严重，字迹缺失较多。天王殿背面供奉“护法韦驮尊天菩萨”。

佛教的宇宙论，是佛教对于此岸世界和彼岸世界的整体结构，以及各个构成部分之间的相互关系的学说，是对世界的立体层次和平面图景的宗教性描述。佛教的宇宙论是佛教学者继承古代印度传统神话，吸取当时天文、地理、地质、生物等自然科学知识，根据佛教的教义与宗教体验，加以综合、熔炼的产物。按照佛教

天王殿

的宇宙论，世界的中心是一座大山——须弥山，它由金、银、琉璃、玻璃四宝组成。山河大地、日月星辰都围绕着须弥山。须弥山外是层层相套的七香海与七金山（轮围山），七金山外还有一圈由铁围山围绕的咸海——由此构成“九山八海”。咸海中有四大洲、八中洲、无数小洲。东方是胜神洲，西方是牛贺洲，北方是俱卢洲，南方是赡部洲。

欲界六道众生就生活在以须弥山为中心的世界中。欲界指深受各种欲望支配和煎熬的生物所居住的地方。六道是，（1）地狱，生活在世界的边缘处。（2）饿鬼，主要居住在阎罗王统治区域。（3）畜生，在地上或水中。（4）阿修罗，居住于须弥山低处和轮围山一代。（5）人，生活在南赡部洲。（6）天，天神。

须弥山腰有犍陀罗山，山有四峰居四大天王，各护一天下（部洲）。东方持国天王，南方增长天王，西方广目天王，北方多闻天王。按照《长阿含经》卷12《大会经》的说法，四大天王中，（1）东方天王名为“提多罗吒”，意译为“持国”，能护持国土，领毗舍阇、乾闼婆等神将。东方天王是帝释天的主乐神，此天王手中持琵琶，护东方弗提婆洲（东胜神洲）人民。（2）南方天王名“毗琉璃”，意译为“增长”，能令他人善根增长，所以手中持剑，领鸠槃荼、薜荔等神，护南阎浮提洲（南赡部洲）人民。（3）西方天王名“毗留博叉”，意译“广目”，能以净眼观察护持人民，领诸龙及富单那，所以手中缠绕一龙，护西瞿耶尼洲（西牛贺洲）人民。（4）北方天王名“毗沙门”，意译“多闻”，有大福德，护持人民财富。右手持伞，表福德之义，护北郁单越洲（北俱卢洲，此云胜处）人民。北方毗沙门天，在中国民俗信仰中被认为是哪吒三太子的父亲托塔李天王。

四大天王俗称“四大金刚”。清人梁章钜在《浪迹续谈》“风调雨顺”一条中引明人王业《在阁知新录》说：“凡寺门金刚，各执一物，俗谓‘风调雨顺’：执剑者风也，执琵琶者调也，执伞者雨也，执蛇者顺也。独顺字思之不得其解。”同书又引明人杨升庵《艺林伐山》说：“所执非蛇，乃蜃也，蜃形似蛇而大，字音如顺。”四大天王在中国民俗信仰中被赋予了风调雨顺的含义。

四大天王各有八大将，其中韦驮居首，是三洲护法，专门保护僧人。韦驮是南方增长天王属下八大神将之一，释迦牟尼佛入灭时，邪魔把佛的遗骨抢走，韦驮奋力夺回。佛教寺院大体分为

天王殿全景

四大天王塑像

两种，一种叫子孙庙，就是子子孙孙在一座寺院里生活，他们的财产属于私有，且不接待外地云游僧人进入，可以招收徒弟，可以为徒弟剃度却不可以传戒。而另一种就被称为十方庙，十方庙就是云游僧人可以挂单寄居的寺院，他们的住持方丈是由大家推举出来的，并不像子孙庙那样一代一代往下传。（1）韦驮双手合十，降魔杵横在胸前，这表示合十欢迎外来的僧人在这个寺院挂单常住，这是十方丛林寺庙标志之一；（2）手中的降魔杵是触地而立，降魔杵触地暗示这个寺院资金、物资雄厚犹如大地，能够承受外来僧人在这个寺院挂单常住，也是十方丛林；（3）韦驮的降魔杵扛于肩上，表示此寺为子孙寺庙，不欢迎外来的僧人在这个寺院挂单常住。慈恩寺是十方丛林，允许游方僧人挂单。

根据《道宣律师天人感通传》记载，唐代道宣律师曾与天神会谈，天神说：南方天王部下有一位韦将军常周行东南西三洲（北俱卢洲生活幸福，众生无出离心，故无出家人），护助诸出家人。宋代以来，中国汉传佛教寺院中普遍塑韦驮天像，一般称为韦驮菩萨。

天王殿中主尊为弥勒菩萨像，弥勒菩萨名“阿逸多”，是释迦牟尼佛的弟子，南天竺人。后来由人间生在兜率天内院中教化菩萨。据《增一阿含经》《弥勒上生经》《弥勒下生经》等佛教典籍，释迦牟尼佛的教法流传一万年，其后世界道德逐步提高，不再需要佛教，佛教便自行消亡了；再过 800 余万年后，弥勒菩萨由兜率天下生此世界成佛。

弥勒菩萨是未来佛，天王殿的弥勒佛像是按照布袋和尚的形象塑造的。五代时期，在浙江奉化有位和尚名“契此”，常携布袋，教化群众，很得民众信仰。因为这个和尚经常背着一个布袋，人称为“布袋和尚”。布袋和尚临终时说了一首偈语：“弥勒真弥勒，分身百千亿，时时示世人，世人自不识。”由此，人们认定布袋和尚是弥勒佛的化身，因此就在寺院的天王殿正中塑了大肚子的布袋和尚的形象。

大雄宝殿

慈恩寺的主殿是大雄宝殿。大雄宝殿为五开间。左侧楹柱行书对联，上联“无忧出世菩提大觉演三藏”；右侧楹柱行书对联，下联“妙法东流长安弘教到慈恩”。右侧楹柱楷书对联，上联“佛日高悬光明世界”；左侧楹柱楷书对联，下联“法轮大转普利人天”。唐代玄奘大师西天取经回国后长期居住陕西西安慈恩寺翻译经典，他的弟子窥基被尊为“慈恩大师”，故师徒二人创立的法相唯识宗，也被称为“慈恩宗”。中国以“慈恩”为名的寺院还有不少，例如浙江省天台山慈恩寺等；辽宁省沈阳市法库县民间传说有康熙皇帝御笔的慈恩寺，1962 年设慈恩寺公社，1984 年置慈恩寺乡。沈阳慈恩寺门口对联的“妙法东流长安弘教到慈恩”，这里的慈恩寺是用的唐代长安玄奘法师所居慈恩寺的典故，唐代长安慈恩寺在这里略做介绍。

西安慈恩寺位于陕西西安市区南部。古时位于长安县东南，曲江之北，南临黄渠。始建于隋开皇九年（589 年），初名无漏寺（无量寺）。唐贞观二十二年（648 年），皇太子李治为其母文德皇后追荐冥福扩建，称为大慈恩寺。当时寺院规模巨大，重楼复殿，房舍 1800 余间。据称当时“竹松森邃，为京师最”。玄奘奉敕由弘福寺移居慈恩寺为上座，住翻经院，专务翻译。慈恩寺译场，以玄奘为译主，下设征文、缀文、证梵、笔受等科。主要从译人员皆挑选贤明才彦之大德，人数多达千余人，是当时最大的皇家译场之一。1931 年由当代著名太虚法师主持，朱子桥、杨虎城两将军合力资助，在寺内设慈恩宗学院。中华人民共和国建立后，多次进行修缮。寺内大雁塔创于唐永徽三年（652 年），为保存玄奘由印度带回的佛经而建。塔本名“慈恩寺塔”，后据《大唐西域记》所记印度佛教传说故事而易名“雁塔”。称为“大雁塔”则是为与后建的荐福寺小雁塔相区别。塔高 64 米。塔底层四面皆有石门，门楣上有精美的线刻佛像，西门楣上的说法图，刻有当时的殿堂建筑，是研究唐代建筑、绘画、雕刻艺术的重要资料。塔南门两侧，镶嵌有唐太宗李世民撰《大唐三藏圣教序》和唐高宗李治撰《大唐三藏圣教序记》，均为唐代大书法家褚遂良所书。

沈阳慈恩寺大雄宝殿内的释迦牟尼佛坐像，两侧是他的胁侍，迦叶在左、阿难在右胁侍。释迦牟尼佛左手边为东方净琉璃世界药师佛，其右手侧为西方极乐世界阿弥陀佛。大雄宝殿即是汉传

大雄宝殿

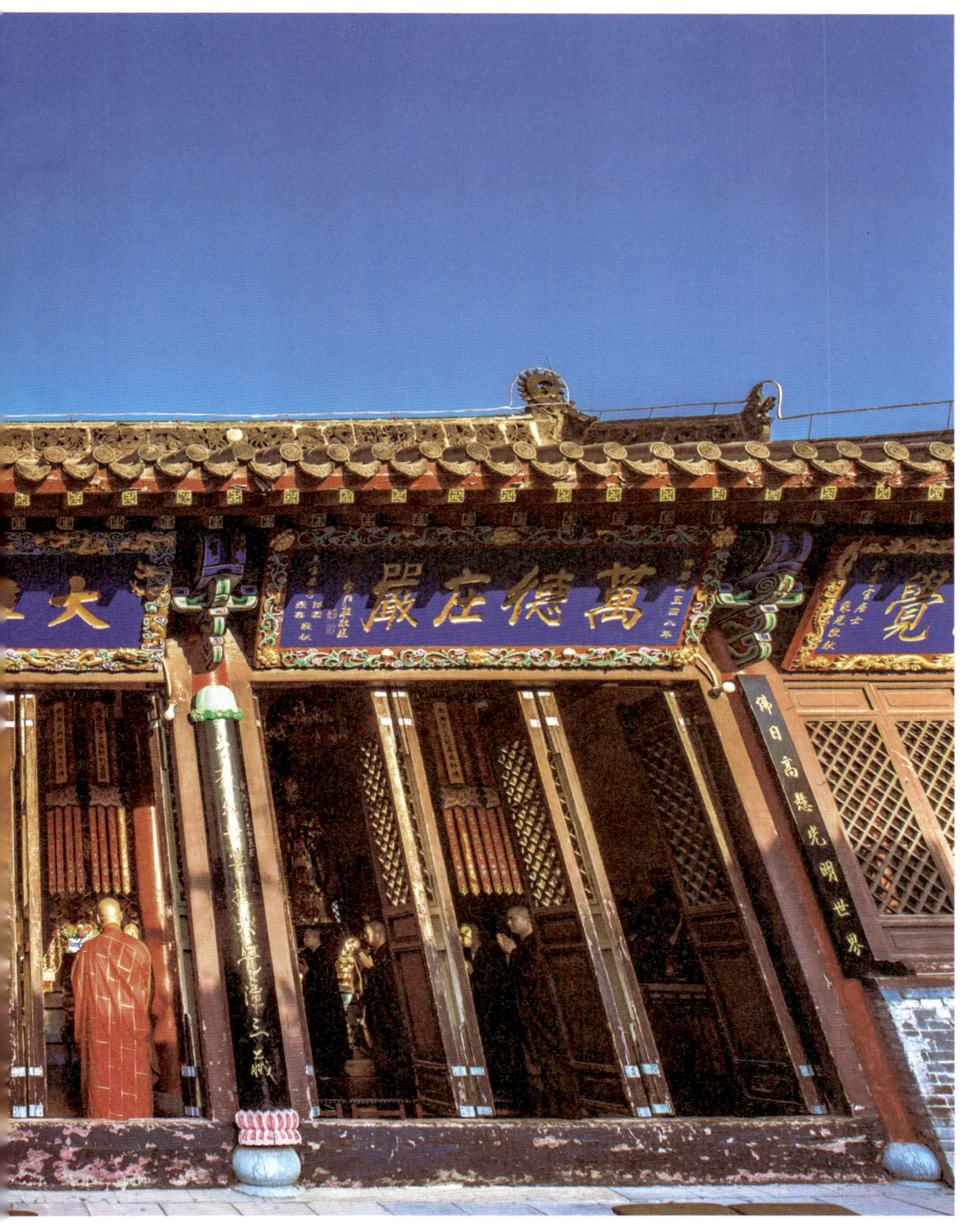
萬德庄嚴
佛日高悬光明世界

佛教寺院的正殿，也称大殿。“大雄”是称赞释迦牟尼佛威德高上的意思。释迦牟尼是佛教的创始人，释迦为部族名称，释迦牟尼意为“释迦族的圣人”。释迦牟尼本名为悉达多，姓乔达摩，又常被称为佛陀（觉者）、释尊、世尊等。释迦牟尼佛是佛教的教主，大约2500年前印度释迦族的一位王子出家成佛，创立了佛教，也称佛陀。释迦牟尼的时代，约当公元前6世纪中叶，正是中国春秋时代，与孔子同时。他是当时迦毗罗国国王的长子，父亲名净饭，母亲名摩耶。摩耶夫人产后不久就死了。幼年时代的释迦牟尼是由他的姨母波阇波提夫人养育的。他自小从婆罗门学者们学习文学、哲学、算学等等，知识很广博；又从武士们学习武术，是一个骑射击剑的能手。他父亲净饭王因为他天资聪慧，相貌奇伟，对他期望很大，希望他继承王位后，建功立业，成为一个“转轮王”（统一天下的君主）。作为王子，释迦牟尼的生活虽然非常优裕，但先天聪慧而敏感的他，注意力很快转到人生与社会的观察上，几次出游，他目睹了辛劳的农夫和老人、病人及死人的窘况。古代印度的社会文化风俗令他思考出家修行的可能。人生的悲惨现实使他心中的焦虑最终爆发出来。在遇见一位安详而喜悦的弃世修行者之后，他决定离开王宫追寻正道。为了寻求解脱，释迦牟尼尝够了艰苦辛酸，坚持不懈，经历六年之久，但是结果徒劳无功，方才悟到苦行是无益的。他于是走到尼连禅河里去沐浴，洗去了六年的积垢，随后受了一个牧女供养的乳糜，恢复了气力。当时随从他的五个人见到这一情景，以为他放弃了信心和努力，便离开了他，前往波罗奈城去继续他们的苦行。王子于是一个人走到一棵毕钵罗树下，铺上了吉祥草，向着东方盘腿坐着，发誓说："我今如不证到无上大觉，宁可让此身粉碎，终不起此座。"他便这样在树下思维解脱之道，经过七日七夜（一说"四十九天"）的禅观静想，终于在一个夜里，战胜了最后的烦恼魔障，获得了彻底觉悟而成了佛陀。

释迦牟尼佛像有各种不同的姿势，主要的有两种，一种是结跏趺坐，左手横置左足上名为"定印"，表示禅定的意思；右手直伸下垂，名为"触地印"，表示释迦在成道以前的过去生中，为了众生牺牲自己的头、目、脑髓，这一切唯有大地能够证明，因为这些都是在大地上做的事——这种姿势的造像名为成道相。一种是结跏趺坐，左手横置左足上，右手向上屈指作环形名为"说法印"，表示佛在说法——这种姿势的造像名为说法相。另外有一种立像，左手下垂，右手屈臂向上伸，这名为旃檀佛像，传说是佛在世时印度优填王用旃檀木按照佛的形容所作。下垂名"与愿印"，表能满众生愿；上伸名"施无畏印"，表能除众生苦。后来仿照此形象制作的也叫作旃檀佛像。一般多在释迦牟尼佛像旁塑有两位比丘立像，一年老，一中年，这是佛的两位弟子，年老的名"迦叶尊者"，中年的名"阿难尊者"。

慈恩寺的大殿中不是一尊佛像而是三尊，代表中、东、西三方不同世界中的佛。中间一尊是我们这个世界的释迦牟尼佛；右边是东方净琉璃世界的药师琉璃光佛，结跏趺坐，左手持钵，表示甘露，右手持药丸；左边是西方极乐世界的阿弥陀佛（阿弥陀译成汉语是无量寿、无量光），结跏趺坐，双手叠置足上，掌中有一莲台，表示接引众生的意思。三世佛旁边有的各有二位菩萨立像或坐像，在释迦牟尼佛旁的是文殊菩萨、普贤菩萨；在药师佛

殿内佛像

旁的是日光菩萨、月光菩萨；在阿弥陀佛旁的是观世音菩萨、大势至菩萨。菩萨是菩提萨埵的简称，凡是抱着广大的志愿，要将自己和一切众生一齐从苦恼中救度出来，而得到究竟安乐（自度度他）；要将自己和一切众生一齐从愚痴中解脱出来，而得到彻底的觉悟（自觉觉他）——这种人便叫作菩萨。根据《华严经》《药师本愿经》《观无量寿佛经》，上述文殊菩萨、普贤菩萨，日光菩萨、月光菩萨，观世音菩萨、大势至菩萨，分别是释迦牟尼佛、药师佛和阿弥陀佛这三尊佛的上首弟子。慈恩寺大雄宝殿三世佛两侧还供奉有大梵天和帝释天二胁侍。

大雄宝殿两侧还供奉有十八罗汉。一般寺院的大殿两侧多奉有十八罗汉像。罗汉是阿罗汉的简称，原本是指小乘佛教的最高成就者；晚唐五代后开始风行罗汉信仰。大雄宝殿中供奉罗汉，是因为相传佛在涅槃以前，嘱咐了16位大阿罗汉，让他们不要涅槃，常住世间为众生培福德。按照玄奘翻译的《大阿罗汉难提密多罗所说法住记》，这16位的名字是：①宾度罗跋啰惰阇，头发皓白，而且有白色长眉毛，俗称“长眉罗汉”；②迦诺迦伐蹉；③迦诺迦跋厘惰阇；④苏频陀；⑤诺距罗；⑥跋陀罗；⑦迦理迦；⑧伐阇罗弗多罗；⑨戍博迦；⑩半托迦；⑪啰怙罗；⑫那迦犀那；⑬因揭陀；⑭伐那婆斯；⑮阿氏多；⑯注荼半托迦（见《法住记》和《十六罗汉因果识见颂》）。五代以后或加上《法住记》的作者难提密多罗和《因果识见颂》作者摩拿罗多二人，成为十八罗汉；或错将第一尊宾度罗跋啰惰阇分为二人，加上难提密多罗（庆友），成为十八罗汉。

十八罗汉塑像

观音殿

大雄宝殿背面供奉海岛观音像，匾额“慈航普渡”。

观音是中国佛教四大菩萨之一。全称是“大慈大悲救苦救难广大灵感观世音菩萨”，又译为“光世音”“观自在”“观世自在”等。一般认为因避唐太宗李世民的讳，观世音菩萨简称“观音菩萨”。唐代玄奘法师将观音菩萨译为“观自在菩萨”。观音菩萨是阿弥陀佛的左胁侍，西方三圣之一。据信观音菩萨以大慈大悲为德性，苦难众生只要念诵其名号，菩萨即时观其音声，前往拯救解脱，故又被称为“大悲菩萨”。“观自在”，意指佛、菩萨已破除尘世的种种烦恼，进入永恒、恬静、自在和清净的境界，名为“得大自在”。又指观音能够完全自在地观察俗世，无有障碍，寻声救苦，随心所欲。相传其说法道场在浙江普陀山。观音塑像在中国多为女相。女相观音造像约始于南北朝后期，盛于唐代以后。据说观音有多种化身，能随缘应化，循声救苦。有六观音、七观音、三十三观音等。

观世音菩萨是西方极乐世界的上首菩萨，表现一切佛的大悲心，所以是救世之最切者。他的形象有多种不同。一是圣观音像，一首二臂，结跏趺坐，手中持莲花或结定印的尊严像，天冠中有阿弥陀佛像。又有“自在观音像”，就是一足盘膝，一足下垂，很自在的形象。像旁或有一净瓶，盛满甘露，瓶中插了柳枝，象征观音以大悲甘露遍洒人间。观音像两旁有童男童女像，童女为龙女，因为《法华经·提婆达多品》中说有龙女成佛的故事，而观

观音殿

音又是住在南海普陀洛伽山，因此有“龙女拜观音”的传说。童子即善财童子，因《华严经》中说善财童子为求佛法，参谒53位“善知识”（名师），其中曾谒观世音菩萨而得到教益。

《法华经》第25品为《观世音菩萨普门品》。在佛教中，它往往被摘抄出来，单独流行，名为《观音经》。《观音经》认为，无论何人只要信仰观音菩萨，念诵观音菩萨的名号，就能免除一切厄难，甚至火不能烧、水不能淹、刀锋可摧崩、大海可枯竭、一切恶鬼不能近前侵害。另外，观音菩萨又能使信士所求遂愿，求男得男，求女得女，求财得财。因此，《观音经》是观音信仰在中国得以流行的主要原因和依据。《观音经》说观世音菩萨能现三十三化身，救12种大难，遇难众生只要念诵他的名号，“菩萨即时观其音声”，前往拯救。观音菩萨会“随类化度”，不分贵贱贤愚，救度一切众生，因此被尊为“大慈大悲救苦救难观世音菩萨”，简称“大悲”。按照中国的传说，观音菩萨的生日是农历二月十九，成道日是六月十九，涅槃日是九月十九。以观音为主尊的佛殿也习惯称为“大士殿”，也称“圆通殿”，因为观音有“圆通”之美誉。

伽蓝殿

左配殿为伽蓝殿，伽蓝殿内供奉的是关羽坐像（中）、周仓（左）和关平立像（右）。关羽在佛教被尊为“南无伽蓝圣众菩萨”。

大殿的左边配殿一般是伽蓝殿。伽蓝是僧伽蓝摩的省称，义云众园。当释迦牟尼佛在世时，舍卫国有位长者名须达多，他能将财物布施贫困，人们称他为给孤独长者。传说他要请佛到舍卫国来说法教化，就同佛的弟子舍利弗选择地方供佛和弟子们居住。经过再三考虑，选定了舍卫国太子祇多的花园。但是太子没有出卖园林的意图，便对给孤独长者说：“你若能在我的园地上布满黄金，我便把花园卖给你。”给孤独长者当真这样做了。太子很受感

伽蓝殿

动，便少要了他一部分黄金作为买回树木的价钱，二人共同请佛来住。这便是印度有名的祇树给孤独园。后来舍卫国王波斯匿王也归信佛教，为佛陀建立佛教的事业做出过很多贡献。所以后代寺院的伽蓝殿正中供的是波斯匿王，左方是祇多太子，右方是给孤独长者，以纪念他们护持佛教的功德。

殿内关羽像

但在中国伽蓝殿内一般都供奉关羽。因为就狭义而言，“伽蓝”指伽蓝（佛教寺院）土地的守护神；广义而言，“伽蓝”则可泛指所有拥护佛法的诸天善神，关羽是汉传佛教的伽蓝神之一。关公（或称为关帝）原是来自三国蜀汉的历史人物，为刘备手下的大将，以刚正不阿的个性出名，之后在北攻曹魏时被孙权杀害，后代民间将关羽奉为神，用来驱逐危险，至北宋时被纳入人们膜拜的神祇。近世以来，中国佛教界常以关帝（关羽）为伽蓝神。《佛祖统纪》有关于伽蓝菩萨皈依佛教的记载：“智𫖮大师到荆州，欲创精舍。一日，见关羽神灵告之，愿建寺护持佛法。七日后，师出定，见栋宇焕丽，师领众入室，昼夜演法。一日，神白师：‘弟子获闻出世间法，念求受戒，永为菩提之本。’师即授以五戒，成为佛教的伽蓝护法神。”相传隋代天台宗的创始者智者大师，有一次曾在荆州的玉泉山入定，于定中听见空中传来“还我头来！还我头来！”的惨叫声，原来是关羽的头被敌人砍下来，其愤恨不平，到处寻找自己的头。智者大师反问：“您过去砍去他人的头无数，您今日怎么不去还别人的头？”并为其讲说佛法。关羽当下心生惭愧，而向智者大师求授三皈五戒，成为正式的佛弟子，并且誓愿作为佛教的护法。从此以后，关羽这位千余年来极受民众敬重的英雄人物，就与韦驮菩萨并称佛教寺院的两大护法神，伽蓝菩萨为右护法，韦驮菩萨为左护法。周仓是关羽的护卫，关平是关羽之子，关羽神像的两侧经常供奉关平、周仓的神像。

比丘坛

比丘坛即“戒坛”，是慈恩寺讲经传戒的场所。比丘坛前有香炉及“放生池”，“放生池”是一座石雕的大鱼缸，缸沿上的九条金鱼和水浪雕刻得十分精美。坛前的景观石，其基座也是利用天然石

放生池

景观石

料，左侧缝隙处雕刻了一座二层殿宇、右侧雕刻一棵古树，中间阴刻“开心光明菩提”六个金色楷书大字。

比丘坛大殿内供奉的是“南无毗卢遮那佛”，端坐在描金莲花座之上。莲花座下还有三尊小佛像。

佛教徒有四众之分，就是出家男女二众，在家男女二众。佛的出家弟子，男的叫比丘，女的叫比丘尼。比丘是梵语，义即乞食，言其乞食以自生活；又有怖魔、破恶、净命等义。俗称比丘为“僧人”，僧是梵语“僧伽”的简称，义为众，凡三比丘以上和合共处称为众。世俗也称比丘为“大僧”或“首堂”，称比丘尼为“二僧”或“二堂”。

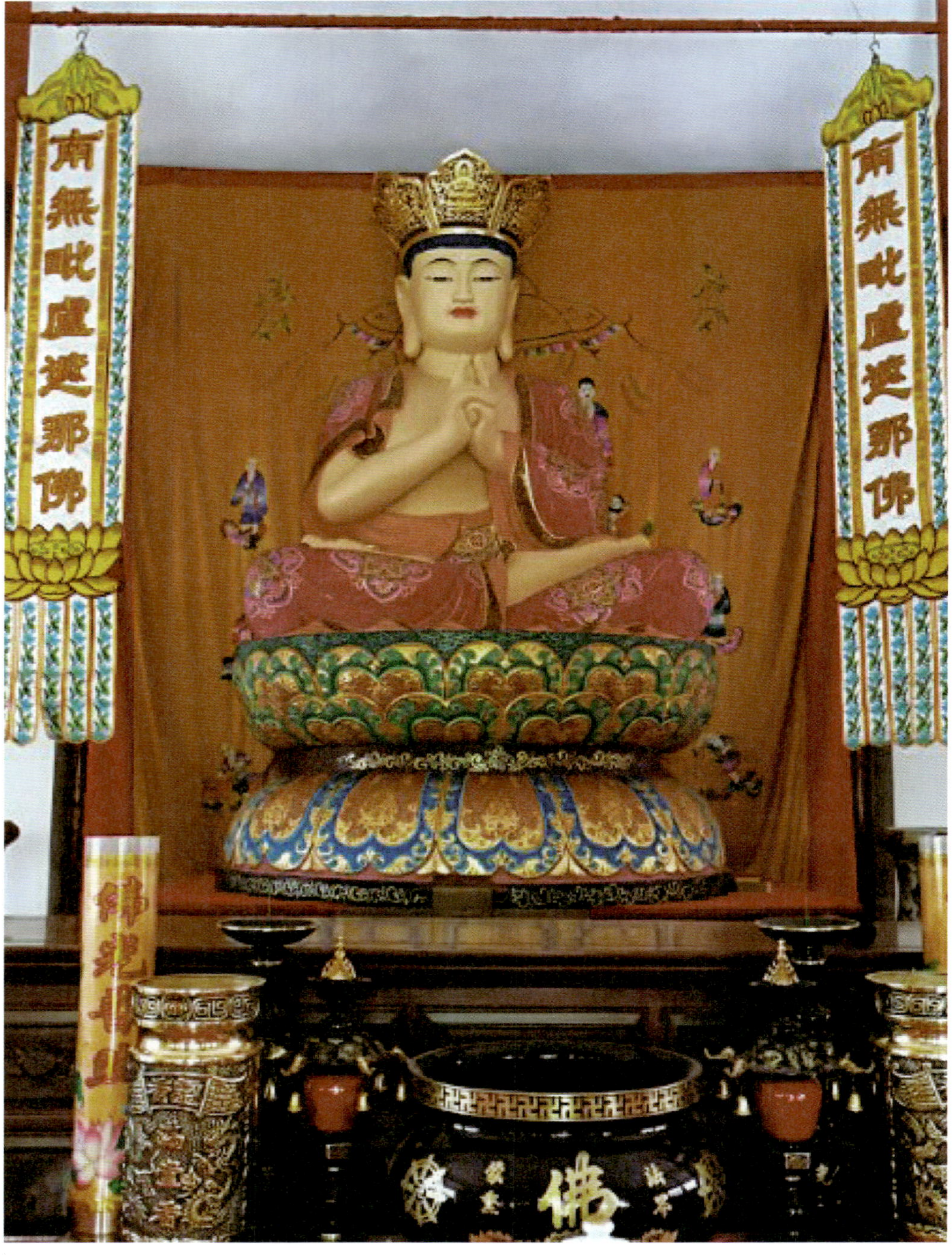

南无毗卢遮那佛像

根据佛的制度，一个比丘应当过着清净而俭约的生活，严格遵守不杀、不盗、不淫（包括在俗家的妻子）、不妄语、不两舌、不恶口、不绮语、不饮酒及非时食（过午不食），不涂香装饰、不自歌舞也不观听歌舞，不坐卧高广床位，不接受金银象马等财宝，除衣、钵、剃刀、滤水囊、缝衣针等必需用品外不蓄私财，不做买卖，不算命看相，不诈示神奇，不禁闭、掠夺和威吓他人等等及其他戒律。平日昼夜六时（晨朝、日中、日没为昼三时，初夜、中夜、后夜为夜三时）中除一定时间睡眠、托钵、饮食、洒扫、挑水外，其余时间都应当精勤地用在学修方面。

如果想成为正式的比丘，必须受“具足戒”，也称“大戒”。受具足戒必须满足三个条件，即一定的监察僧人（中原地区十人，边区至少五人），一定的场所即“戒坛”，一定的会议誓约程序。隋唐以来，汉传佛教通行按照《四分律》受戒，比丘戒250条，比丘尼戒348条，年满20岁者方能受戒。明清以来，传戒分为三级三次，即所谓“三坛大戒”：初坛传十戒，二坛传具足戒，三坛传菩萨戒。

十戒是不杀生、不偷盗、不邪淫、不妄语、不饮酒、不涂饰、不歌舞及旁听、不坐高广大床、不非时食、不蓄金银财宝。初坛传十戒，鸣钟聚众，由传戒和尚讲说十戒的意义，最后向受戒者一一提问：“尽形寿能持否？”受戒者回答：“依教奉行”或“能持”。初坛即告毕。第三坛菩萨戒分在家菩萨戒和出家菩萨戒两种。在家菩萨戒律授给在家男女二众，共有“六项重戒”和“二十八轻戒”；出家菩萨戒律授给出家人，有“十项重戒”，“四十八轻戒”。初坛和三坛都是聚众集体举行，而二坛戒则是编组进行，一般一到三人为一组。近代传戒都是三坛连受，初坛结束后不久即开二坛，二坛戒最为隆重。

并不是每座佛教寺院都设有戒坛。重要的佛寺设有戒坛，一般设立在寺院左后侧（东北后区）或右后侧（西北后区），独为一院，自成格局。院中正殿为戒坛殿，正殿前常常还立有一座小山门殿，表示从此进入受戒得解脱入空门，殿中正面供奉释迦牟尼佛十大弟子中持律第一的优波离，故此殿又名优波离殿。相传佛教律宗最初就是由优波离背诵出来的。戒坛殿一般为方形大殿，中设三层玉石砌成的戒坛。戒坛为正方形，每层四面均有石龛。龛中安置神像，龛外还有站立的一米左右的神像。这些神像都为戒神，即戒坛的护法神，包括诸天神、天龙八部、伽蓝、土地、金刚力士等。进行第二坛受戒时，戒坛上，正面设莲花座，供奉释迦牟尼佛像，下设三师七证十张座椅，总称“十师”。上首三张是三师的座椅。三师中间坐“衣钵传灯本坛阿阇黎”，即受戒的主师，俗称“戒和尚”，阿阇黎是轨范师、导师的意思，意为教授弟子并纠正其行为者，是弟子的师范。左边坐“羯磨阿阇黎”，也称“羯磨师”，羯磨是佛教徒日常办事的会议制度，羯磨师是这类会议的执行主席。右边坐“教授阿阇黎”，也称“教授师”，是向传戒者传授佛教生活规范、规章制度的。三师座椅两侧，左侧三张，右侧四张，是七证的座椅，七证都尊称“尊证阿阇黎”，都是传戒的证明人。

传戒结束后，传戒寺院会发给出家人“戒牒”作为证明书，它能起证明出家人身份的作用。现在“戒牒”由中国佛教协会委托传戒寺院发放，三师七证签名盖章为信。

大乘殿

位于比丘坛北侧的配殿是大乘殿。殿内佛像，左一为“南无地藏王菩萨”，左二为“南无普贤菩萨”，左三为“南无文殊菩萨”，左四为手持净瓶的“南无观音菩萨”。

大乘佛教和小乘佛教是佛教的两大思想流派。大、小乘的分别，主要在于大乘着重利他（利益大众的行为），小乘着重自己解脱。大乘有不同的经典，在教义上有所发挥和发展。首先大乘佛教认为到了佛的圆满觉悟的境界，就能不住生死，不住涅槃，就能在因缘生灭的世界中，永无休歇地做“庄严国土、利乐有情”的事，而随时随处安住在涅槃的境界。其次根据缘起的道理，说明一法以一切法为缘而生起，同时又是生起一切法之缘，所以任何人与一切众生都有同体的关系，好像海里面一个小水泡和整个大海水是同体关系一样。所以说，“一切众生是我父母”，又说“视众生如一子”（独子），这样地兴起大慈悲心（慈是同情人之喜乐，悲是同情人之忧苦），“无有疲厌”地“为众生供给使”。大乘佛教特别发扬这种菩萨行的人生观，并且特别鼓励“六度”和“四摄”的行为。上述行为在大乘佛教中被称为“菩萨道”，践行菩萨道而有成就的人被称为“大乘菩萨”，慈恩寺的“大乘殿”实际为大乘菩萨殿，里面供奉着汉传佛教的四大菩萨。

地藏菩萨，梵文音译为“乞叉底蘖婆”。《地藏十轮经》谓其“安忍不动犹如大地，静虑深密犹如地藏”，故名。被佛陀封为“幽明教主”，负责救助地狱中的所有恶鬼。曾在佛前立誓愿：“为

大乘殿内佛像

是罪苦六道众生广设方便，尽令解脱，而我自身方成佛道。”此即通常所说的“地狱不空，誓不成佛”，故又称“大愿地藏”。其坐骑是一头类似狮子的怪兽，名为“谛听”，又称“善听”，据说它神通广大，能够照鉴善恶，察听贤愚。关于地藏的身世，众说纷纭。在中国最有影响的说法是，地藏菩萨降诞为新罗国王子，姓金名乔觉，出家后号地藏比丘，唐玄宗时来华求法，在九华山结庐修炼，圆寂后葬于神光岭的月身宝殿，俗称“肉身塔”。传说他生前笃信地藏菩萨，其容貌又酷似地藏瑞像，人们便把他说成是地藏菩萨转世。

普贤菩萨，又译“遍吉”，梵文音译“三曼多跋陀罗”。释迦牟尼佛的右胁侍（左胁侍为文殊），专司“理”德、“定”德和“行”德。《大日经疏》曰:“普贤菩萨者，普，是遍一切处；贤，是最妙善义。谓菩提心所起愿行，遍一切处，纯一妙善，备具众德，故以为名。”其坐骑多为六牙白象，原为菩萨所化，以示威灵。《普贤观经》曰：六牙表示六度，四足表示四如意。

文殊菩萨，音译作文殊师利、曼殊室利、满祖室哩，意译为妙德、妙吉祥、妙乐、法王子。又称文殊师利童真、孺童文殊菩萨。为中国佛教四大菩萨之一，与般若经典关系甚深。或谓其为已成之佛，如首楞严三昧经卷下载，过去久远劫有龙种上如来，于南方平等世界成无上正等觉，寿四百四十万岁而入涅槃，彼佛即今之文殊师利法王子。或谓其为实在人物，如文殊师利般涅槃经谓，此菩萨生于舍卫国多罗聚落梵德婆罗门家，生时屋宅化如莲花，由其母之右胁出生，后至释迦牟尼佛所出家学道。此外，亦有说文殊菩萨为诸佛菩萨之父母者。一般称文殊师利菩萨，与普贤菩萨同为释迦佛之胁侍，分别表示佛智、佛慧之别德。所乘之狮子，象征其威猛。

观音菩萨（参见前“观音殿”的论述），按照印度佛教经典的记载，乃转轮王之长子，名不眴，从佛出家修道。当他修成正果后，发愿救度众生。清《癸巳类稿》卷十五对此有过记述，过去散提岚界，善持劫中，时有佛出，众曰宝藏。有转轮王，名无量净，第一太子名不眴，发菩提心:“众生念我，天耳天眼闻见，不免苦者，我终不成天上菩提。”宝藏佛言:“汝观一切众生，欲断众苦，故今字汝为观世音。”在佛经中称观世音为“善男子”“勇猛丈夫”，故在南亚、东南亚的佛窟造像中，观世音往往多为带胡须的男子形象。但在中国，观音菩萨常常显现女性形象救度众生，《北齐书·徐之才传》:“初，见空中有五色物，稍近，变成一美妇人，身长数丈，亭亭而立。食顷，变为观世音，是女身。”武则天时，印度僧人菩提流志译《宝雨经》卷一中言:“实是菩萨，故现女身，为自在主。”《大云经》中佛对净光天女说:“汝于见时，时是菩萨，现受女身……得大自在。”宋代出现《香山宝卷》: 观音菩萨原本是妙庄王第三女妙善公主，为救父王，妙善公主全然不计较曾受父王的种种责罚迫害，一片至诚孝心，自愿舍双眼、双手搭救父王。妙善公主也因为自己的孝行而得善报，“舍双眼得千眼报，舍双手得千手报”，成为“千手千眼大慈大悲救苦救难观世音菩萨”。现今我国各地佛教徒隆重纪念的观音诞日（二月十九日）、观音出家日（九月十九日）、观音成道日（六月十九日），皆是与妙善公主出生、出家与成道日相一致。至此观音菩萨的形象已经完全实现了中国化，成为中国广大民众最为喜闻乐见的佛教人物。

祖师殿

祖师殿，位于慈恩寺院内东北角，坐东朝西，卷棚顶五檩五架式砖木结构建筑。平面形式为“虎抱头”，门口有对联：现慈悲

祖师殿

祖师殿内灵塔

法身多方济度；作广大教主到处津梁。祖师殿内供奉的是一座白石雕制的灵塔，塔腹中刻有："庄严圆寂中兴慈恩堂上上沙下霁步公老和尚之觉　灵位"。灵塔两侧和后面的墙壁上开设许多小龛，供奉着大小不一的牌位，还有骨灰坛和骨灰盒等。

祖师殿最早出现在禅宗寺院布局中，一般在大殿西侧，但是其他宗派的寺院也往往仿效禅宗，设立祖师殿。禅宗的祖师殿正中是梁时来华的禅宗初祖达摩禅师，左方是达摩六传弟子唐时的六祖慧能禅师，右方是慧能的三传弟子建立丛林制度的百丈怀海禅师。其他宗派的寺院，也有在祖师殿内加祀本宗祖师像的。慈恩寺祖师殿内供奉的是晚清民国时期复兴慈恩寺的步真老和尚（法号沙霁）。

藏经楼

藏经楼在四进院内，是一座两层楼房，共 14 间，为硬山式砖木结构。藏经楼一层供奉佛像，还有接待室、会客室等。二楼珍藏两部木版"三藏"经典，分别是明藏和清藏版本，极为珍贵。其中遗失部分，已重新抄写，破损部分已得到修补。

佛经是佛逝世后，他的众多弟子记诵出来的。佛逝世的那一年，佛的弟子，以摩诃迦叶为首的五百人集会在王舍城外的七叶窟，将佛一生所说的言教结集起来，以传后世。当时由阿难陀诵

藏经楼

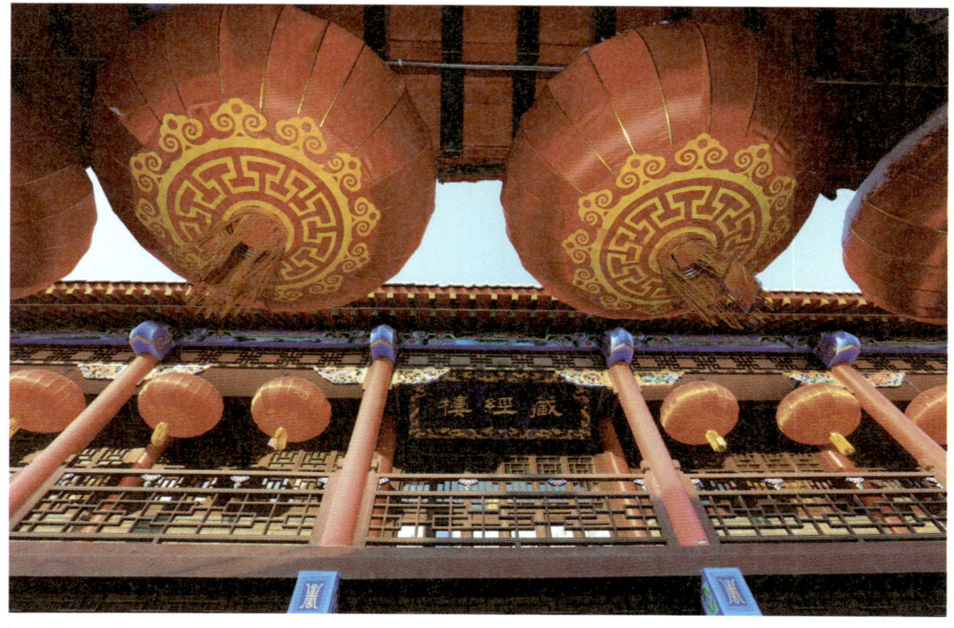

藏经楼外景

出佛所说的经；由优波离诵出佛所制的僧团戒律；由摩诃迦叶当时诵出，后来又补充结集的关于教理的解释和研究的论著。经、律、论为三藏。藏的本意是一种可以盛放东西的竹箧。把经、律、论分为三藏，同我国把经、史、子、集分为四库有差不多的意思。这一次结集称为第一结集。照通常解释，结集两个字含有编辑的意思，但这个梵文词的本意是僧众大会，含有“会诵”的意思，一方面固然注重法的结集，另一方面也包含着人的结集的意思在内，因为最初的结集还没有用文字记录，只凭口头传诵。

当时除在七叶窟的五百比丘外，还有未加入摩诃迦叶团体的许多比丘，以跋波（最初五比丘之一）为上首，在窟外不远的地方另行结集。所以王舍城结集分窟内窟外二部，所结集的都是小乘三藏。大乘三藏相传是文殊师利菩萨、弥勒菩萨等菩萨和阿难陀等在铁围山结集的。

大藏经古代或称为“一切经”，是将由印度和西域传译到中国的大小乘经、律、论及贤圣集传汇编而成的一大丛书。在古代刻版技术尚未发明以前，一切经都是抄写的，写经是卷子式，专司写经的人称为经生，到宋代以后才有木刻本的大藏经。佛教经论在中国流传，经过历代的翻译，以至汇集、编次而逐步成为各种不同文字的大藏经，实在是一件伟大的事业。

中国第一次刻本汉文大藏经是宋开宝四年（971 年）。在此以后，历宋、辽、金、元、明、清几个朝代，千年之间先后有 20 余次刻本。明代政府两次刻印大正藏，第一次是 1372 年开始在南京刻的南本大藏经，第二次是 1410 年开始在北京刻的北本大藏经，此外还有民间在万历年间刻的方册大藏经（嘉兴藏）。清代雍正、乾隆年间（1735~1738 年）刻大藏经，称“龙藏”。慈恩寺所藏明清大藏经，为永乐北藏和龙藏本，现对此略做介绍。

明北本大藏经世简称“北藏”，是明成祖永乐十九年（1421年）为报皇考皇妣生育之恩所刻，英宗正统五年（1440 年）完成。《大明三藏圣教目录》中有明英宗正统御制藏经序云：“我皇曾祖太宗体天弘道高明广运圣武禅功纯仁至孝文皇帝德全仁圣，道法乾坤……博采竺乾之秘典，海藏之真诠。浩浩乎，穰穰乎，缮书刊梓，用广传施，功垂就绪，龙御陟遐。洪庆所贻，传序暨朕，恭嗣大宝，统理万邦。追惟圣孝之隆，敢忘继述之务。大藏诸经 636 函，通 6361 卷，缄毕刊印，式遂流布。”卷数较南藏微增，编订亦互有出入，实有 1621 部。版式每半页 5 行，每行 12字或 17 字。至神宗万历间，神宗母慈圣宣文明肃皇太后又续刻入藏诸集，自钜字至史字凡 41 函 410 卷。万历十二年（1584 年）神宗钦赐《御制续入藏经序》，总计本续凡 677 函及目录一函，此即《明史・艺文志》所称：“释藏目录四卷，佛经六百七十八函。”

清大藏经世简称龙藏。清世宗雍正十二年（1734 年）敕刻，至高宗乾隆三年（1738 年）十二月竣工。全藏总计 1669 部，自天字函至机字函凡 724 函。始自《大般若经》以迄西士贤圣撰集，全依明北藏编次。版式每半页 5 行，每行 17 字。据《大清三藏圣教目录》所载，当时主持其事是和硕庄亲王允禄，和硕和亲王弘昼，以及校阅官 38 人，监督 9 人，监造 64 人，总率 4 人，带领分析语录 3 人，带领校阅藏经 3 人，分领校阅 6 人，校阅 38 人。

佛经寺院储藏、供养大藏经的地方称为“藏经阁”或“藏经楼”，是佛教的专业“图书馆”。藏经楼一般都在中轴线上最后一进，多为两层正殿，下层为“千佛阁”，一般中设毗卢遮那佛为主尊，也有居中设立三世佛像的。主尊佛像身后沿墙壁立成百上千的小佛龛，象征众佛结集会诵读经。上层沿墙壁立柜橱安放藏经，中间设桌案供读经使用。慈恩寺藏经楼这种安置佛经的方法称为“壁藏”。

金石文献

沈阳慈恩寺碑记

按：

慈恩寺碑位于沈阳市沈河区大南街慈恩寺院内，“文革”中有所损坏，现存于慈恩寺天王殿前。碑为清顺治二年立，500余字，记载了慈恩寺建寺的选址、命名和捐资重修经过。《奉天通志》卷259有录文。

沈阳慈恩寺碑

沈阳慈恩寺碑

恭闻真我无相，必假有相以利生，法身无形，须藉有形以化物我。释迦圣主酬愿现身，从兜率而降梵宫，毕缘入灭，自拘斯而卧双林，又不忍此方之盲瞑，而导之觉路。□□[1]经千余年，遂梦感于汉帝，指立教于兹土，所以迎绘像于月氏，建精舍于草堂，斯三宝所由起也。切思如来，所存者神，所过者化，杳乎莫测其端，巍乎难赞其妙。两足尊而世世宗仰，万德备而人人钦崇。或建刹于都邑之中，或创宇于名山之内。香烟奉事，其来久矣。但好善之念，智愚本有，皈佛之心，古今同然。肇自天聪二年（1628 年），即于本京南关内选择圣地，后有雄都可倚，前有秀峰可观，左有清泉临流，右有通衢坦平。其中风景奇特，堪创梵刹一所，号寺曰慈恩。晨钟暮鼓，佛声浩浩。仗觉皇之威光，慈被四生而恩沾九有者也。将凡数年，殿宇颓坏，栋梁倾危，吾辈岂契然坐视而不为之修葺也哉！于顺治元年（1644 年）发心各捐己资，复募众缘，重修正殿五间，两廊十间，山门、韦殿悉皆告成。至于庄严绘饰，金碧交辉，庙貌为之生色，景象焕然改观。俾百世之后睹遗规而如新，千载之下仍垂范以不磨。伏祈皇图永固，黎庶乐业，兴缘会首，同登菩提之果，见闻随喜，共树般若之因。□□一切有情，悉脱苦趣而归之乐土也。庶可满其愿海耳。谨叙为文，以志不朽云。

大清顺治乙酉岁（1645 年）次孟秋望日吉旦立　释子慧清撰

1　□处为碑文残损无法辨认。

大雄宝殿前的石碑

佛日增辉碑

按：

沈阳慈恩寺大雄宝殿台基左侧的石碑，碑额："佛日增辉"。此碑是1934年夏历五月望日慈恩寺住持修缘所立，"望日"是指月亮圆的那一天，即农历每月的十五日。正面碑文如下。

佛日增辉碑

佛日增辉

佛性本具，凡圣不殊，业转迁流，圣凡回别。我佛以一大事因缘，出世说法四十九年，因心果地，澄澈本源，修德性德，罕穷喻譬，从此阎浮提中，放炯炯光明，而沉沦众生，亦得遵迈修途，拔苦与乐矣。虽弘经造论，方便门多，而持戒、忍辱、精进第一，盖戒急于乘，而律先于教也。我佛之所付属，学人之所修持，诸祖之所殚心，众生之所未若舍是戒律，其道莫由。沈阳为先朝旧京，新国奥区，人心素朴，道法时闻，僧众云集，寺观栉比，而数十年来，开坛说戒者，不过三四机缘，虽须俱□翕合，端赖先驱诚积，久则光辉道有，孚而感应。此慈恩寺说戒所由，接踵而起也。修缘大师，住寺六年，演教宏宗，早称上首，远承□□之绪，近接青老之踪，于甲戌春开坛说戒五十三日，功果圆成，得戒者安明等人，法施者青山上座，其弘益之志，可谓盛矣。我等学子，饮水思源，应如何雨泪，翘首精进，不退以无负此法会耶。□胪古德之系统，以及本寺之勃兴，伐石镌词，用垂不朽。

初步真和尚，故遵化人，法名沙霁，于曹洞为二十四代。师于三十七岁出家，□光绪中在北京万寿得德果和尚戒，旋居北京圆广寺，接庆然和尚法。光绪二十六年（1900 年）来沈，居龙凤寺，与千山中会寺德安和尚□契，乃发心在奉创建丛林。适奎星楼僧录司深海壮其志，言于济仁师，竭力襄助，得城南厢慈恩寺旧址，仅破刹一间，其地已为高氏菜圃矣。爰出赀赎回，开诚布化，甚得邦人信仰，经营缔造，历数十年，始得粗其规模。师在寺潜修，惜字埋齿，清名藉甚。以民国十六年（1927 年）二月十六日，未满所愿而圆寂，道俗追愍，共荐万寿寺青山和尚继其席，成就十方常住，续起《百丈清规》。而青老乃僧中之领袖，戒律精严，道契灵山，重于当代，开坛说戒，何止数十坛。欲以竟沙老之志，殷恳年余，精心物色，始于黑山大兴寺访得修缘和尚，知其发心勇猛，立志能坚，故以此重责付托之。其九月十九日升座，敷演戒律，海众欢忭，颇称一时殊胜。此可见绍隆佛种，自有心源，后之追维先德者，尚其睎仰前修，而奋然兴起也乎！

都监　济仁

崇文馆主任杨士琪　核对

编辑张世平　书丹

双发石铺经理何智仁　镌石

康德元年（1934 年）夏历五月望日慈恩寺住持　修缘

碑文背面文字如下：

菩萨比丘尼新戒弟子

隆西　妙超　心豁　源彻　隆道　能觉　尊道　安静
界莲　觉醒　界真　续普　宝胜　然波　尊孝　宝法
仁贵　定航　因彻　安义　续量　常贤　广义　演钵
大智　本来　本一　明海　定普　慧空　隆光　能忍
觉圣　本性　本学　安普　安如　续钵　兴证　显诚
定印　显慧　修广　定慧　定本　常真　能静　界禄
安禅　修如　尊智　宝珠　昌利　香乾　昌林　尊祥
果强　界范　德明　常玉　界如　定信　隆普　思禅
满聚　常静　觉先　定□　昌祥　界法　相卿　慧妙
能忍　常修　界魁　仁量　隆起　仁德　能亮　满湛
印恒　觉路　定修　维孝　觉真　沙真　定贤　心清
显性　修静　隆一　觉明　安真　印莲　定如　安慈
心慧　安森　恒超　演本　妙果　妙证　常智　定皈
法戒　能振　慧通　定学　恒寂　安静　本□　印德
心广　安钵　修明　本智　昌慧　本慧　思泉　本如
沙端　界真　永成　妙心　慧达　密因　修性　修义
圆林　定霞　果真　常普　盖山　本德　能宏　因守
觉圆　宝增　本通　常智　昌德　尊证　仁豁　普光
同超　定慈　定渡　常达　心智　修本　妙寂　觉化
昌如　觉性　昌虔　修全　能阐　本慈　大智　修悦

常性　仁慧　界瑞　常明　续法　定如　元善　仁福
仁德　仁慧　本豁　永廉　显义　续智　本瑞　界开
安心　心智　本缘　仁修　圣明　妙禅　定接　沾法
然来　照普　安坤　安亮　广真　广成　学智　安光
常林　隆海　常广　修净　圣智　昌然　常德

五戒女居士

修芳　常乘　修宗　修慧　安静　心慈　显纯　常荣
修庆　心净　心空　普真　印禅　印心　修普　修普
修静　修存　修空　尊安　修梵　修仁　修闻　心妙
王湛氏　白李氏　史尚氏　程纪氏　孙宜氏　哲佩德
李杨氏　何卜氏　陈温氏　吴宝莲　薛致合　姚王氏
韩王氏　韩张氏　张萧氏　常黄氏　朱贾氏　王关氏
祝贺氏　吕杨氏　高马氏　何李氏　安佟氏　王吴氏
心觉　思法　心通　常普　显为　心福　心照　无悦
常智　修安　安洁　能真　定心　昌泰　隆兴　密真
密慈　修果　常悟　安贤　心普　修吉　心光
陈庆藩　陈孙氏　赵张氏　梅郭氏　刘贵贤　田于氏
田袁氏　张梁氏　赵刘氏　周周氏　房春如　刘义贤
于史氏　云李氏　云童女　王胡氏　高苍氏　冯张氏
许信女　高戴氏　张黎氏　王胡氏　李李氏　杜王氏
昌法　仁口　密口　密口　常口　修口　心口　心口
心口

孙口口　王口果　口口普　口口太　口隆兴　口显纯
黄心正　李心明　王常释　邢修起　陈刘氏　赵心海
赵心悟
郭唐氏　关郑氏　葆梁氏　葆丁氏　黄马氏　邢赵氏
于张氏　潘雅卿　李彩石　富密智　何常荣　王修如
韩印禅　常安福　王密通　潘心妙　李心觉　于能信
太史何密法　太史赵密贤　陈能冠　于心量

戒期发心诸善人

朱守臣　吴常讯　王云亭　常鹤仁　高万仓　李德海
赵　启　黄超儒　王宝田　高　俊　刘广义　刘成绪
胡连富　王宝恒　黄梦汉　冯守太　朱志云　李　澄
申和琴　吴世勋　杨树棠　宋宗宠　陈海楼　刘凤岐
李景盈　文雅珊

法轮常转碑

按：

沈阳慈恩寺大雄宝殿左侧的石碑，碑额："法轮常转"。此碑也是1934年夏历五月望日慈恩寺住持修缘所立，碑文如下。

法轮常转

盖闻大教东兴，初无规定之所，待马祖始建丛林，百丈继树清规，十方僧众，赖有止宿，得以遵制。今值末法，竟有硕德老宿，不让先祖，专美于前者，亦大幸事也。奉天大南关慈恩寺，原系古刹，迨至清季，基址颓废，仅馀破庙一间，其地已为菜圃矣。时有步真老和尚，慨法运之陵夷，怅宗风之不振，托钵至此，目睹兴悲，发重修之志，愿创办丛林，冀以宣扬正法，俾佛法之光明常昭于东土也。虽竭毕生之力，经营数十年，方得以规模粗具，乃未竟其志，即西归安养。幸诸山长老，及护法居士等，恐步老前功之徒劳，视［实］为可惜，遂公举万寿寺退居方丈青山老和尚出任重责，可谓公选得人矣。青老戒律精明，重于当代，实为僧中之领袖，开坛说戒，何止数十坛，欲以竟步老之志，惟恐已有不□，精心物色，访得修缘和尚，知其发心勇猛，立志能坚，故以此重责付托之，又以济仁都监师副助之。修缘和尚接座后，虽庙无恒产，发心养众，不肯因艰难而退步，领众修行，始终不懈，至今八年有馀，道风日盛。又以佛法三无漏学，戒学为先，缁徒日众，非严净毗尼，不足以励清修，卒以愿里结成此龙天道场。然则此次戒场，以三大德之接踵奋起，始克成就，于今日亦不甚易矣。虽由佛菩萨之加被，亦□由三大德前后相继，精诚所感。所谓积之厚者，流自光□之久矣，发必大也。受戒诸师，遇此胜缘，诚非偶尔，得非魔生多劫之夙因乎。吾意诸公，今朝听戒坛之清诲，他年担荷佛门之家当，虽成就于今时，其远因不在于今时也。星原等目击慈恩寺戒场圆满，师师弟弟，为佛门放大光明于东亚，固深堪庆倖。况今后缁素，观兴而起者，又不知几何人也。则此次坛场所成就，□裨于东亚佛化，岂浅鲜哉。其间外护内功于事有功者，未克胜述，今略举梗概，用镌之于碑铭，以垂不朽焉。

奉天佛学会长菩萨戒弟子王星原顶礼撰

本寺老和尚沙霁，领名管业，民国契纸一张，奉字第陆仟捌佰捌拾陆号，系先祖惠清原占座落大南门大井沿胡同于天聪二年创修慈恩寺一所，两边南北长叁拾丈，东西宽叁拾贰丈，中间南北长叁拾四丈，东边南北长贰拾九丈，东至小道郑姓园地，西至闾街，南至中间本房，东至杨姓，西至康姓，北至大道。

中华民国五年（1916 年）领民国新契纸

崇文馆主任杨士琪核对

编辑张世平书丹

裕发石铺经理赵国卿镌石

康德元年（1934 年）夏历五月望日慈恩寺住持修缘

碑文背面文字如下：

菩萨比丘新戒弟子

安明　仁化　菩济　安光　仁耀　普心　了圆　能福

隆钵　仁海　法同　体如　广悦　慈恩　仁和　廓清

法轮常转碑

满峻　安衔　道智　鲜达　普铎　圣贤　宗泮　诚善
圣锐
佛恩　妙灯　觉真　满峙　相荣　定果　觉智　仁智
源铎　隆庆　界顺　本荣　学忠　悟导　觉先　觉悦
性仁　界坡　宽续　本光　能新　安普　学进　本悟
灯纶
能湛　能春　愿忍　了性　常德　湛起　心通　仁福
定智　同虚　传钵　宗信　能德　果正　定如　昌亂
能志　本心　灵一　沙圆　圣文　安详　圆和　仁绪
仁惠
少尘　心静　安亮　悟因　果庆　思量　满金　清戒
义合　安吉　仁喜　湛寂　能觉　真遇　妙果　境观
传法　普化　界禅　古禅　本利　能孝　心显　修善
体静
了性　显臣　修勤　显珠　续德　真道　果学　了凢
仁诚　随学　果芳　真性　果证　道真　兴忠　能真
安保　洲海　昌德　洲瀛　仁圆　心融　满和　悟贤
真达
圣绩　真义　仁清　深潭　真缘　果苾　思全　本慈
本一　真选　仁礼　显真　能林　门清　圆修　修本
界云　露通　湛声　大海　仁山　中缘　海泉　本信
印权
乘果　宗悟　自缘　安荣　仁祥　天保　心豁　照显
安钵　常来　沙谛　昌荣　隆悟　圆庄　静贤　开瑞

本缘　固德　宗印　能寿　觉祥　本悟　无上　能心
宝信
兴亮　能孝　普暄　同超　界空　仁真　仁续　宝学
界如　安心　常林　安豁　续传　仁觉　体智　广修
一慧　心达　隆海　修净　宗兴　果林　觉瑞　安利
通福
果证　传慧　道海　安明　觉先　圆证　雍然　开义
界满　然豁　昌安　同法　满汇　弥真　宽慧　定祥
因顺　能恭　本僧　仁清　安僊　圣修　净修　安怀
本复
能如　隆惺　能贤　定照　沙密　昌瑞　自化　自学
安钵　清和　然谆　觉体　演顺　圣锐　悟玄　灵钵
悟果　觉明　菩智　传智　仁智　了禅　然性　了生
昌泉
了生　常聚　露俊　湛禄　湛庆　常明　仁英　仁喜
照福　妙途　兴义　自静　本亮　续清　相仪　仁祥
满寂　隆兴　界尘　显勤　演空　照海　隆僧　修证
清亮
本如　圣起　圣儒　显达　显庆　能忍　仁和　普琢
然正　昌献　本瀾　本慧　圆恒　道印　仁本　诚果
真空　觉贤　圣慧　宗依　照然　道悟　本诚　界航
宗明
普安　林安　化雨　心宽　定如　本行　心印　廓禅
宗悦　同澄　宗然　心印　无海　本清　清缘　安伦

觉性　显瑞　仁义　能五　沙勤　显珍　安慧　开莲
心开
常闻　常忏　圣明　思伦　定仁　心光　能昶　仁普
道善　思觉　仁善　心悟　为悦　安清　常妙　修护
显顺　仁理　湛溥　能真　常智　体修　道正　灵福
安拙
果实　本学　湛彻　能修　湛澄　能守　宗诚　果湛
定慧　照普　安无　性稳　安宗　心义　能恭　昌满
能觉　雨宝　真钵　清聪　觉净　昌乐　道全　定性
仁和
本道　鲜存　常霞　显智　然云

五戒男居士

常义盛万金　安舫张莲舫　因慧刘殿臣　安俗高鸿飞
心湛王福贵　宗莲张永真　定福张景福　心性闻会齐
心海杜立才　大慧冯振平　界奉赵丰年　心泰何显廷
觉非陈玉堂　源会黄恩波　心照许品三　宗厚赵执中
源本王明心　心空孙鸿儒　心海邹恒芳　常觉李希纯
显清牟世琦　修明玉景山　安修傅长启　心如王永贵
悟真胡星垣
修慧王安民　常照德玉清　心灵曹滨臣　心明韩文韶
心恒李魁升　心度李济东　心静李荣华　然真马毓崑
定善杨常云　修蕴李思澍　密智王振东　心泰乐殿甲

修常郭永奉　心慈聂子馀　心航柳级三　心海韩辅忱

能宽田心培　心正薛成元　心融王世伦　心宽王焕文

修亮刘汉阁　心禅李泽民　心如王玉璋　密照张锡祥

修定刘少言

心坦刘馀堂　定本张会义　常德郝玉秀　安详张宝兴

心润田子云　能谦冯守泰　能普郑嘉春　心妙沈书堂

界宽朱大兴　心融杨希廉　心光齐裕镇　心法胡铭显

能觉赵逢伯　心一字性广　心止字方广　陈德三

杜同贤居士　湛德田怀玉　湛慧田珍玉

沈阳市解放后佛教界的情况

按：

《沈阳市解放后佛教界的情况》由慈恩寺方丈导尘和尚讲述，发表于当时中国佛教协会机关刊物《现代佛学》1953年第5期。

沈阳市解放后佛教界的情况

——在沈阳市佛道两教学习支会上报告

编者按：报道内容原为佛道两教并举，为适合本刊性质，在具体事实上有关于道教的部分删去，东北佛教同志过去很少和我们联系，我们对这方面也没有尽主观上的努力对东北佛教同志有所帮助，希望今后双方加强联系，更好地为东北佛教尽点力。

一　引言

今天我们佛道两教的全体同人，能够共聚一堂，来开佛道两教学习支会成立的大会，这足以说明了我们新中国各阶层、各民族、各宗教，都是空前团结；我们宗教信仰得到了真正的自由。这样团结和自由，在过去的任何时代是不会有的，只有在中国共产党和毛主席的英明领导下，才能获得的。因此，我感到万分的高兴！同时我想我们佛道两教的全体同人，一定也是万分高兴的！

我们佛道两教，在中国历史上说来都有两千年左右了，可以称为历史悠久的宗教。至于我们教义虽有不同，但宗教仪式和教徒的生活是有些相似，也都会博得广大群众的信仰，在历史上都有适当的评价。但是处在长期封建社会和封建统治下，被统治阶级所利用所歪曲在在都有，因此造成了脱离群众、超越现实、只顾个人不关心社会的好坏，过着寄生的生活，而反以为清高。殊不知这样一来，不仅失去了修行的本旨，更成为了社会的逃避者。

幸自解放以后，由毛主席和人民政府的正确领导，以及我们佛道两教全体同人的共同努力，将过去封建社会给我们留下不合实际的修行和生活，逐渐的扭转过来，才实现了今天的学习、生产、修行三者相互结合的新生活。

二　未学习以前的情况

现在我很愿意将我们两教过去的偏差和解放以后新的情况，作一总的报告；以便大家知所去取，而更加努力，向光明的前途迈进。我们在未解放以前两教的教徒，大多数只着重个人的修行，对于国家的好坏，人民的苦乐，是毫不关心的。诚如马信斌道长所说："我们佛道两教因为被封建统治阶级所利用而歪曲了教义，造成脱离群众的现象；就是做点利人济物的事情，也是微乎其微，片面而不具体的。"我认为远不仅是这样，有很多的教徒，连自修也未能修好，甚至有的家庭化了，俗化了。对于生活方式来说，更是不合理的，虽有自耕自给，不依他人，可是为数很少，而大多数的教徒过的是不事生产寄生的生活，为反动统治阶级的装饰品，加重劳动人民的负担。

三　学习以后的认识

解放以后，由人民政府领导，进行多次集体学习和小组讨论。各寺庙宫观的读报组，都经常建立起来了。在每次学习中僧道参加的数字，都在百分之八十以上。学习课程有：政治常识、社会发展史、革命近百年史、新人生观以及其他新理论的书刊。从这些宝贵课程理论的启发下；扭转了我们过去的超然思想、划清了敌我的界线、认识四大家族和剥削阶级、认识了国内外三大敌人，更认识了美国侵略者狰狞丑恶的面目；进一步知道了社会发展的规律、知道了脱离群众是不行的、更知道了我们伟大祖国的美丽和可爱。因此乃建立起来正确的人生观，才积极组织生产以消灭寄生，热烈参加社会各项爱国活动。我们认为只有这样，才能成为新中国的主人翁，也只有这样，才能尽到主人翁的职责和对于我们国家有所贡献。

四　学习后所起的作用

1. 生产的方面（道教略）：佛教徒在一九五一年，组织了集体的“大新麻袋纺织工厂”，中间虽然出过麻袋线成品，但是以后因为生产过剩和其他原因，几度停工，几度复工，终遭到失败。可是我们在失败中，得到了经验和教训，僧尼生产情绪并不因此而减低。现在参加各种不同单位生产的：纺麻线的有十七人，公营业的有四人；也有参加抗美援朝的，参加文工团的、参加缝纫的、做手闷子的、挖运河的、织毛衣的、做泥木工的以及种菜蔬的等等副业，共七十九人。全市佛教寺庙三十五处（原住持者除外）共僧尼一百五十多人，现在参加生产的有一百人，其余五十多人没有参加生产，因为经理寺务和老病的关系。

2. 抗美援朝拥军优属方面：响应捐献飞机大炮的号召上佛教徒捐献了人民币四百二十五万元。对于我们最可爱的人——志愿军同志们，我们是时时关心的，前后共写了六十多封慰问信。东北各界组织慰问伤病员时，我们也有代表出席参加去慰问。对于拥军优属工作，我们也做了一些，如年节慰问和送慰问品；军烈属住寺庙的房屋短期不收租金，长期以折扣办法优待等，虽没有突出表现，但经常是这样做的。

3. 参加社会活动方面：如惩治反革命条例学习大会、反对美帝武装日本及与日军单独媾和示威游行大会、拥护五大国缔结和平公约签名大会、控诉美日暴行大会、反对美帝散布细菌战大会，乃至“三八”、“五一”、“七一”、“八一”、“国庆”等等重要纪念节日我们都热烈参加。无论是全体或代表参加后，都进行分组细心讨论以提高对各项运动的认识。我们都认为宗教徒爱教必须先爱我们的祖国。这一系列社会活动，也可说都是爱国的具体表现；所以每个教徒，都以参加得上为光荣，参加不上心中都觉得苦闷。

4. 寺庙古文物保管方面：过去我们对于寺庙的管理对文物古迹的保护上作得很差。多数教徒以为本庙有了文物古迹才有保管的责任，对其他寺庙宫观的文物古迹就漠不关心了。自我人民政府颁布了保管文物古迹（寺庙在内）的办法后，通过学习，我们才深刻地知道文物古迹都是我们先代劳动人民心血创造出来的结晶；更知道了保存文物古迹是保存历史上有价值的艺术，是祖国重要的珍贵财产。因此我们都感觉到不但将本庙的文物古迹保管好了，同时我们决心要将其他寺庙的文物古迹也都完善保管。

《沈阳市解放后佛教界的情况》原文

5. 其他社会福利方面：我们佛道两教为了配合政府办好儿童教育事业，将寺庙一部分或全部房地借给学校使用；为适应群众需要将房屋借给防空人员居住，借给街道办事处、夜校、卫生所等单位使用；此外对于救济水灾以及其他福利事业，我们也做了一些。

五　结论

解放以来我们佛道两教较过去确是大不相同了。无论是在学习上、在生产上、在爱国运动上、在社会活动上以及社会福利事业上，都有些成就。我们现在所过的确是学习、生产、修持互相结合的新生活。我们这些成绩和进步，是和共产党毛主席、以及人民政府的正确领导分不开的。所以我们佛道两教的全体同人必须感谢共产党，必须感谢毛主席，也必须感谢我们人民政府。但是我们的成绩虽然有了一些，可是缺点还存在着很多。如学习只重形式缺乏内容，还有好多松懈现象；生产观点和实际行动未能普遍的深入健全地展开；寺庙古文物的保管方面也有未能尽到责任；其他社会福利事业上我们作的也是不够。因此我们不能存满足的心理和停留的现象。我们必须在已有的成绩和基础上再提高一步加强工作，使生产搞得更好做到能够自给；将寺庙古文物保管调查彻底而更周密；拿这些实际行动，来作为迎接一九五三年三大任务的献礼。我们佛道两教的全体同人们！责任就在我们的肩上，光明也在我们的眼前，我们应当团结一起，为完成我们的任务，跟着共产党走，而共同向前努力。

沈阳市解放后佛教界学习情况

按：

《沈阳市佛教界学习情况》由慈恩寺方丈导尘和尚撰写，发表于当时中国佛教协会机关刊物《现代佛学》1954年第1期。原文照录如下。

沈阳市佛教界学习情况

现在拥有百九十余名僧尼的沈阳市，又有着悠久的佛化历史，沈阳市佛教，在东北佛教是占着重要的位置的。由于中国佛教佛协开会决议案的“广泛组织爱国主义学习”号召，现全国各地佛教徒已成立了各种大型小型的学习单位，更进一步的掀起了爱国学习高潮！为了讲通彼此交流学习经验、改进思想教育的目的，现在就把我们沈阳市的学习情况及个人在实际工作中的体会总述如下。

一　学习一般情况

早在五零年夏季，沈阳市佛教徒就开始了政治理论学习，到了五三年初，经政府热心指导下，从而健全的扩大了组织方式，就是说：总的由佛教学习委员会领导，下分为六个小组；学习方式是通过读报、读佛教刊物、研究教义等；学习材料，政治部分由政府发给。最近转由市学委会以及宗教事务处领导，成立了各宗教集体学习会，时间是每周星期四，各宗教界出席记凡百余人，由讲师讲授中国近代史，及听时事报告，然后分组讨论，每个人做学习总结。

二 学习中具体收获

1. 基本上消除了佛教徒对政府宗教政策的怀疑。绝大部分僧尼在沈阳解放初期思想上都忐忑不安，错误的认为扒寺逐僧、焚经毁像的危机来临了，通过了学习，批判了这错误的思想渊源是受了反动政府的反动宣传——污蔑共产党是消灭宗教。学习了共同纲领及若干实事的证明，才纠正了这错误，知道了共产党所领导的人民政府宗教政策的真正意义。

2. 学习了爱国主义结合到实际工作中去。现在沈阳市僧尼有百分之七十参加生产劳动，如木工、缝纫、其他技术工等，在思想上不特认识到过去不劳而食的可耻，且能积极发挥热忱，响应政府一切号召，更可贵的是对佛教信仰从未动摇过。

3. 佛教徒通过了学习，大体已能改变了过去专注重宗教形式而不注重精神的旧作风。一致感觉到今后宗教的人生观必须建立在爱国、劳动的基础上，努力改造崇拜资本主义的剥削寄生思想，力使自己走上工人阶级的道路。

三 个人几点体验

1. 不久以前，我还认为学习政治，将会丢掉自己对佛教的信仰，我认为搞学习工作是件苦差事，抱着敷衍了事的态度，不消说，有了这样思想，学习是不会有进步的，又怎能谈到深入发动群众和认真掌握批评和自我批评武器呢。一直到了今年（五三年）夏季，思想上曾经过了一再斗争，才明白了只有学习政治才能转变所谓:“百年世事三更梦”空洞的不关心政治的谬论，进而可从各个方面工作中利世利人。斯大林同志告诉我们:“离开实践的理论是空洞的理论，离开理论的实践是盲目的实践。”使我体验到佛教的闻思二慧是理论，修慧是实践，三慧并重，才是住持佛教的僧宝。

2. 旧时代超然的清谈佛学，所以要误走向厌世、乐天的途径；又因为“不被政治利用就被政治压迫”的必然趋势下，所以就会给统治阶级作帮凶充当他们宣传的工具，失掉了原始佛教反抗反动统治阶级的精神而不自知。

3. 体验到只有通过政治学习，才可能减免政治上错误，才能分清敌我界限。倘若政治认识不清楚，头脑模糊，势必为敌人乘隙而入，最近汕头市又宗和尚被先天道拉拢事件就是给我们深刻的教育。我们国内的帝国主义势力虽然已基本扫除，可是帝国主义侵略阵营还没完全被击溃，美帝在朝鲜停战后所施狡猾而阻挠政治会议的召开，它的处心积虑的目的何在？我们只有经过政治学习，才能提高觉悟，不会上敌人的当。

4. 不学习便易妄自尊大，真的自视为“人天师表”、“轨范三界”的导师。不学习，就易为了满足个人享受私欲，独占庙产，坚持子孙香火阵地。只有通过学习，认识社会发展规律，人事劳动创造人类世界的伟大，个人主义的利益应完全服从整体利益。于是也体会到佛教的菩萨行愿才有着落而不落于空洞。

四　存在缺点和今后的改进

1. 现在沈阳市佛教徒，参加学习还不够全面，学习时发言不够热烈，个别的人不能熔化学习，以满腹成见来衡量马列学说，这些和我们这单位的领导不够是分不开的；因为我们学习方法落在教条式，一说一听轻描淡写过去。今后，一定要多想办法，展开讨论，克服以上缺点。

2. 注意今后加强和个别的“闭门静修”和一些“一句弥陀苦修行”两种典型人的处理。沈阳市有极少数的闭关行者，也有一部分道念虔诚与世无争，以日中一食而参加无报酬劳动的僧人，他们还没有正常地甚至完全没有参加学习过。今后关于前者拟采取了解并考验他们是否明白修行因果、不入邪见并尽力维持其四缘窘迫而使其引起不安，并再次动员他们参加学习，以俾在社会尘界里加强锻炼自己以坚固道念，而不妨碍其修行为原则。

大衆園地

瀋陽市佛教界學習情況

導塵

《沈阳市佛教界学习情况》原文

五　对各地先进佛教工作者的要求

东北佛教僧尼们教义认识及文化水平，较之内地是低的，在进行学习方式方法上也还没有更好的经验，要求各地先进大德们同参们对我们这个报告，给以批评，以便我们有所改进。

沈阳慈恩寺

按：

《沈阳慈恩寺》最初由沈阳市政协文史办公室供稿，发表于《辽宁文史资料选辑》第19辑《辽宁名寺》。文中称千山剩人函可《语录》《诗集》“被日本学者收入《续道藏》内”,《续道藏》应为《卍续藏经》。

沈阳慈恩寺

薛广素

慈恩寺位于沈阳小河沿（现动物园）西南端，旧称大井沿胡同。相传始建于唐代，但无文献和遗物可供研究。有据可考者，始建年代为后金（清）天聪二年（1628年），至今已有三百五十多年的历史了。

该寺创建时，那里是一片荒地，附近住户稀疏，仅有些以种菜为业的农户。庙的规模极小，只有几间殿堂，供奉释迦牟尼。

建庙后的十多年，庙宇并无扩展，仅有僧人五、六人，除附近的信士去烧香外，影响不大。

从清顺治元年（公元 1644 年）开始，寺里陆续修建了大殿、韦驮殿，规模略见扩大。

慈恩寺建寺初期，有一位有影响的和尚来到这里，名为函可，号剩人和尚，广东人。清军攻克金陵（南京）时，他亲眼看到百姓妻离子散、走死逃亡的景象，于是十分愤慨地记录了百姓的灾难史。后来，他的作品被清政府发现，顺治五年（公元 1648 年）把剩人和尚流放到沈阳慈恩寺。

后来，清政府对他的监视放松一些，他便在慈恩寺内，接待各方面来访的反清人士，商谈复明大计。他还几次去千山寻访同道，康熙五年（公元 1666 年），剩人和尚圆寂。

乾隆四十年（公元 1775 年），剩人和尚已故去一百多年，清政府还下令查禁他的作品，把有他名字的碑碣一律毁掉。可见剩人和尚在当时的反清活动中是个有影响的人物。他的作品流传下来的有诗集和语录，被日本学者收入《续道藏》内。

从天聪二年创建慈恩寺的惠清和尚算起[1]，经过四十六代，到清末庙宇颓荒，僧人无几。奠定慈恩寺完整规模的是步真和尚。他法名沙霁。据和沙霁和尚有交往的前辈讲，沙霁体魄健壮，气宇轩昂，笃信佛教，交往甚广。他原籍河北省遵化县，行伍出身，

1　据文献，惠清，也写作慧清。

后来出家，拜曹洞宗24代和尚为师。37岁时，在北京万寿寺受戒（主持戒坛者是德果和尚）、戒后住北京园广寺，向该寺庆然和尚学法（临济正宗），又向该寺密霖和尚学武术。

光绪二十六年（公元1900年），沙霁和尚来沈阳，住龙凤寺。他和千山中会寺的法安和尚关系很好。他俩商量在沈阳建丛林（俗称“常住”，即有戒单的正式和尚都可以留住）。沙霁和尚的设想受到魁星楼僧人录司（管理佛教事务的官吏）张深海的支持。在原来简陋的基础上建起规模宏大的慈恩寺。所以后来慈恩寺尊沙霁和尚为第一代开山祖。

沙霁和尚一面向社会上募款，一面请信士高某把私有果树园布施给慈恩寺，用来扩大建庙土地。沙霁身著百补千纳的袈裟，挎着拾字纸的布袋，四处奔走，为实现宏伟规划，风风雨雨，奔走劳累了十八年之久。先后建成山门、天王殿、配楼、钟鼓楼、禅堂、念佛堂、两廊、比丘坛。民国八年（公元1919年），又建成了气势雄伟的大雄宝殿。至此，慈恩寺的建庙计划大部分完成。

民国十六年（公元1927年）二月十六日，沙霁和尚圆寂。沈阳城内宗教界和各界知名人士都前往吊唁。

沈阳城内小西关万寿寺的青山和尚接替沙霁和尚主持慈恩寺庙务。根据沙霁和尚的遗愿，青山和尚修建了客堂、方丈室、墙壁和甬路。

青山和尚精通佛教经典、戒律，曾先后主持戒坛数次，使慈恩寺在关内外的佛教界中产生了一定的影响。

为了后继有人，青山和尚四处出访，被他选中的黑山大兴寺的修缘和尚，于民国十七年（公元1928年）九月十九日升座任慈恩寺方丈。这时常住僧人已四十多人。

伪康德元年（公元 1934 年），经修缘和青山商定，在慈恩寺举办一次规模较大的戒坛。从三月十五日开始，到五月八日结束。男僧人四百余名，女僧人二百多名，在家男女居士一百五十多人，总计八百人受戒。当时叫做“千僧大戒”。近两个月受戒期间，关内外佛教界的知名人士，社会各界代表人物和信徒，来沈观礼者不下千人。每天都有社会知名人士（如薛子远、郑惠亭等）来戒坛打斋（即供受戒僧人伙食）。受戒僧人为各界人士祈福，诵“南无消灾延寿药师佛”佛号，寺外车水马龙，寺内诵经声不断。这在当时佛教界可谓盛极一时。

伪满皇帝溥仪曾为该寺送来一方匾，上书：“济度十方”，挂在大雄宝殿里。

彼时慈恩寺的建筑规模是：寺院东西向，呈长方形，占地面积约六千平方米。东为山门三间，内有钟鼓二楼。中轴线上，最前为天王殿，次为大雄宝殿五间，硬山五脊，前后廊式，建筑在高台上。次为比丘坛，单檐歇山，前廊式，面阔五间，正脊上装有：“法轮常转”、“国泰民安”的文字砖，西端有鸱吻，戗脊上有走兽。殿内供西方三圣木雕佛像。最后为藏经楼，两层硬山前廊式，面阔七间。楼上藏有明万历藏经 724 函，清雍正藏经 724 函，清光绪藏经 728 函。藏经包括经、律、论三部分，每函是册，其中光绪年间藏经是御赐的，较明万历藏经和清雍正藏经多四函是论部的，全部藏经均为比较珍贵的版本。现在正组织人力整理修补。

大殿两侧有退居寮、养静寮、禅堂、客堂、方丈室、厨房、斋堂等。庙内对联多出自沈阳名书法家张绪昌的手笔。全寺房屋有一百三十多间。

“千僧大戒”活动结束后，修缘和尚模仿北京红螺山寺庙，重建了念佛堂。每天率领僧人诵经三遍。当时常住僧人已达70多人。

慈恩寺的经济开销，仅仅靠着各方面的捐助、布施，从来没有“香火地”（庙产）。

接替修缘和尚的是省僧和尚（解放前曾担任政协委员），监院是铁提（一只胳膊，善书法）。省僧之后，大彻、惠僧、果性、乘安等和尚相继做过慈恩寺的方丈。解放后，万寿寺（在小西路）的导尘和尚做了这里的方丈，进行正常的宗教活动，并接待过外宾。导尘和尚曾任省政协委员、中国佛教协会理事、沈阳市佛教协会会长等职务。十年动乱中，慈恩寺的大部分房屋受到破坏。党的十一届三中全会以后，落实了宗教政策，流散僧人又回到庙里；建筑物在分期修缮，又派了较为年轻的僧人到南京佛学院去学习；组织专人修庙志，逐渐恢复宗教活动。全面的恢复工作正积极进行，不久慈恩寺将以新的面目迎接来访的客人。

慈恩寺修建碑

按：

慈恩寺修建碑立于沈阳慈恩寺后门旁。碑文是亲道法师执笔。

慈恩寺修建碑

正面碑文：

慈恩寺修建碑记

古寺增新舍　宝刹更庄严

本寺自照元方丈住持以来，大为加强了寺院建设，由于院内空闲地多，僧舍不足，传戒无住所、讲经阙殿堂、藏经楼等危房待建，前三殿等年久失修，故经请示获准修建。

此举二〇〇九年四月吉日动工至二〇一〇年十月深秋吉日结束，先后翻建了2层14间的藏经楼、建筑面积404.4平方米，建成了北面僧舍21间36居室，建筑面积958.9平方米，建成大讲经堂六间，长20.8米，宽17.8米，建筑面积861.3平方米。翻建了南侧宿舍11间，建筑面积254.2平方米。翻建了库房五间，建筑面积47.4平方米。改修了南配房僧舍十间，拆小扩大，建成室内均带卫生间的新居室。还有大雄宝殿、天王殿、比丘坛三殿，佛协楼、门头寮、功德堂，修缮宂瓦，所有的殿堂、配殿、配房、新房、钟鼓楼等处都雕梁画栋、除旧补缺，喷漆刷油，全面的焕然一新。

全院三十多名常住僧都住上了宽敞明亮、舒适的新寮房，共同分享了方丈老和尚造福大众的物质文明，广大四众弟子共同见证了慈恩寺这今非昔比的变化，愿双文明建设成果光大发扬，愿所有建设者、资助者功德增上福报无量。

背面碑文：

本寺常住僧：照元、安详、果西、觉明、正伟、思忍、显妙、思成、古一、显文、了空、思唯、思净、盖忠、照权、修宝、思昶、亲寂、亲修、思义、傅尚、正念、修初、成观、思辉、思越、盖净、寂明、传相、修善、亲道、意坚、果信、思闻、修云、修湛、修元、果慈

慈恩寺敬立

撰文亲道、书丹、刘永常

时二〇一〇年　深秋吉日

艺文法语

初入慈恩寺

千山剩人函可

幸无牛马后，仍许见浮屠。礼佛欢如旧，逢僧笑尽呼。膏粱恣啖嚼，土榻任跏趺。半晌低头想，依然得故吾。（《千山诗集》卷 6）

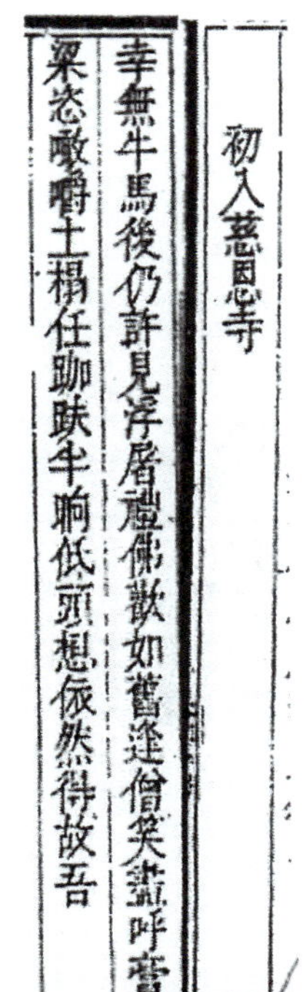
初入慈恩寺

幸無牛馬後仍許見浮屠禮佛歡如舊逢僧笑盡呼膏

粱恣啖嚼土榻任跏趺半晌低頭想依然得故吾

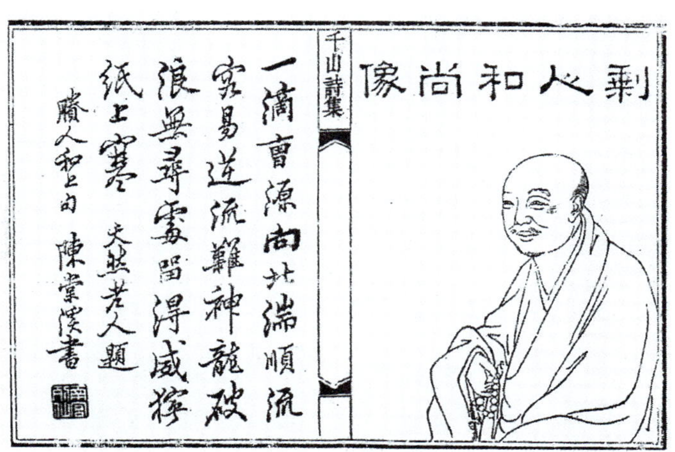

《千山诗集》书影

《初入慈恩寺》

冰天诗社

按：

清初千山剩人函可被流放沈阳，敕住慈恩寺，结成清代东北地区第一个文人团体“冰天诗社”。

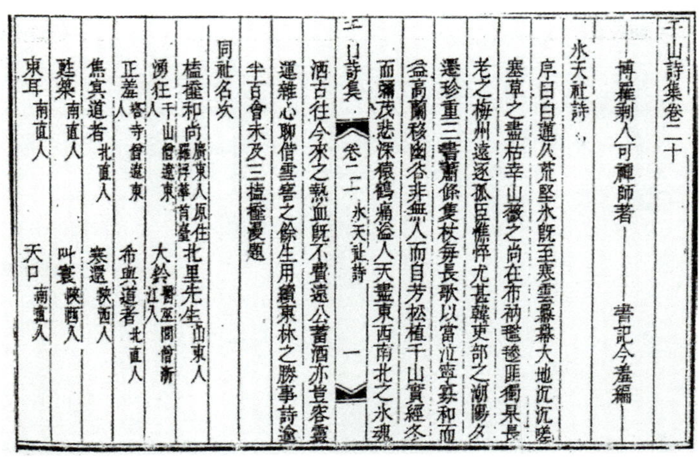
千山詩集卷二十
博羅剩人可禪師著　書記今羞編
冰天社詩
序曰白蓮久荒堅冰既至寒雲冪冪大地沉沉嗟塞草之盡枯幸山薇之尚在布衲氈毯匪獨杲長老之梅州遠逐孤臣憔悴尤甚韓吏部之潮陽夕遷珍重三書蕭條隻杖每長歌以當泣寧寡和而益高蘭移幽谷非無人而自芳松植千山實經冬而彌茂悲深猿鶴痛溢人天盡東西南北之冰魂
千山詩集　卷二十　冰天社詩　一
洒古往今來之熱血既不費遠公蓄酒亦豈容雲運雜心聊借雪窖之餘生用續東林之勝事詩逾半百會未及三榼橙漫題
同社名次
榼橙和尚 廣東人原住羅浮華首臺　北里先生 山東人
湧狂 千山僧遼東人　大鈴 醫巫閭僧浙江人
正羞 響寺僧遼東人　希與道者 北直人
焦冥道者 北直人　寒還 陝西人
甦棗 南直人　叫囊 陝西人
東耳 南直人　天口 南直人

《冰天社诗》

冰天社诗

序曰：白莲久荒，坚冰既至，寒云幂幂，大地沉沉。嗟塞草之尽枯，幸山薇之尚在。布衲氈毵，匪独杲长，老之梅州，远逐孤臣，憔悴尤甚。韩吏部之潮阳夕迁，珍重三书，萧条只杖。每长歌以当泣，宁寡和而益高。兰移幽谷，非无人而自芳；松植千山，实经冬而弥茂。悲深猿鹤，痛溢人天。尽东西南北之冰魂，洒古往今来之热血。既不费远公蓄酒，亦岂容灵运杂心？聊借雪窖之余生，用续东林之胜事。诗逾半百，会未及三。搕㚕漫题。

同社名次

搕㚕和尚　广东人，原住罗浮华首台

北里先生　山东人

涌狂　千山僧，辽东人

大铃　医巫闾僧，浙江人

正羞　塔寺僧，辽东人

希与道者　北直人

焦冥道者　北直人

寒还　陕西人

甦筑　南直人

叫寰　陕西人

东耳　南直人

天口　南直人

兀者　陕西人

锦魂　浙江人

刺翁　山东人

光公　山东人

春侯　山东人

薪夷　陕西人

孝滨　江西人

小阮　山东人

阿玄　山东人

大顽　山东人

二愚　山东人

雪蛆　辽东人

冰鬼

石人　尚阳堡十里

沙子　大汉人

青草　冢边人

狂封　朝鲜人

丁令（仙）　辽东人

子规　五国人

不二先生　陕西人

镇君　医巫闾人

社集诗

第一会　北里

庚寅至前二日，为北里先生悬弧之辰，余首倡为诗。和者僧三人、道二人、士16人、堡中寄和及后至者8人，合二公子，共得诗32章。

搕蚕

塞外高松青百尺，凄风吹雨半天声。

共经万死知生重，却羡孤身似叶轻。

东海只今馀大老，西山不愧是难兄。
予生匪远寒逾甚，白雪同歌岁岁情。

涌狂

短发投荒又一年，每逢山寺便留连。
远公自爱寻陶令，吏部曾无识大颠。
一片钟声和骨冷，半边月色可人怜。
文章节义浑闲事，何日还题到白莲？

大铃

诗满龙庭雪满囊，我来初沸竹垆汤。
二刍将护人中凤，群雁时惊碛上霜。
岂为观澜亲海岸？每于觅句到僧堂。
萧条野外无供给，粪火煨芋好共尝。

正羞

竹杖方袍久不疑，萧然茗碗雪来时。
枯桐未卖宁堪爨，古墨多残足疗饥。
已过虎溪难强笑，欲投鱼腹亦成痴。
但将泡影看身世，海角天涯月一池。

希与

长携孤月论黄庭，知尔身从去国轻。
一片骨留支雪窖，半床书在即云城。
文章尽向青天问，肝胆偏于野鹤倾。
采得五芝浑不羡，寒冰端自怯长生。

焦冥

何人清晓扣柴扉？不是闲僧定羽衣。

笑溢中庭斑共舞，谈倾四座麈频挥。
关门又见青牛度，辽海今看白鹤归。
未有丹砂堪作供，一觞聊取伴山薇。

寒还

何人幽谷响丁丁？共琢坚冰欲举觥。
可见天心留不死，幸从雪际识先生。
谈深今古青松麈，阅尽沧桑楸玉枰。
多少野人无别祝，千秋莫负岁寒盟。

甦筑

古来报国几身完？憔悴孤吟见泪溥。
未到投荒肝已烈，只今留息骨先寒。
鼎湖何处遗弓在，敝笥仍余旧彩单。
臣子有心刚一寸，西风淅淅雪漫漫。

叫寰

一日相逢笑一回，世皆欲杀是真才。
长歌东海涛千顷，共进南山雪半杯。
万卷自堪延岁月，九州真可付尘埃。
当年纵尔开东阁，那得幽人踏踏来？

东耳

天下文章羡大家，泰山今仰海东涯。
冰清本是人中鉴，雪满还疑县里花。
有子传经看舞凤，无枝绕树叹飞鸦。
春风尚洒伤心泪，又听寒吹日暮笳。

天口

古今斯道足长吁，遗老流民共一图。
磊块时堪浇五斗，荒芜那复赋三都。
几回欲立程门雪，此地仍逢鲁国儒。
共是伤心愁日暮，茫茫何处哭苍梧。

兀者

泰山千仞望嶙峋，几度从游得所亲。
足似申徒师忘我，家无原宪病兼贫。
居夷且喜依君子，学圃何妨是小人。
白雪霏霏天漠漠，一樽四座忽同春。

锦魂

愁云紫气满关东，无数顽民献寿同。
眼底河山三盏内，世间日月一枰中。
悬弧岂必皆男子，啮雪今看有巨公。
愧我不才花笔在，追陪长共笑虚空。

刺翁

小雁城边大雁村，村中尤觉雪霜繁。
饥来却忆周人粟，寒极难吹伯氏埙。
骨肉幸馀心已碎，诗书无用卷犹存。
一觥尽注鸰原泪，惭愧空空北海樽。

光公

多难相依有弟昆，惊魂未定又离群。
岁寒尚喜留苍柏，梦去还疑到故园。
但觉冰坚沙泪结，俄惊诗纵海澜翻。

不堪读至伤心处，老雁无声只自吞。

春侯

鱼网同罹雁一群，边城飞过雁群分。
辽阳尚有归来鹤，五国惟看就死麇。
忍饿吟倾三斗泪，相思望隔几重云。
清泉遥酌冰方结，寒雪和魂白到君。

薪夷

高名久矣仰山东，何意流离一识公。
下里几能赓白雪，寒天犹得坐春风。
节旄既落心逾壮，诗卷犹存道未穷。
欲与斯文惭后死，一芹聊与野人同。

孝滨

慷慨孤臣彼一时，馀生终日恋庭帏。
君亲欲报伦俱大，忠孝贪全事已非。
阿弟已随沧海变，大人又向玉京归。
应知夜雪穹庐梦，犹自联翩舞彩衣。

小阮

大阮猖狂小阮痴，到边仍自共论诗。
每经雪压苍松干，常护霜摧玉树枝。
蜡日未能华氏燕，东山犹有谢公棋。
羊皮舞罢偷扪泪，只恐高堂见又悲。

阿玄

出塞无殊聚故园，一家骨肉黑云屯。
叔痴不在山涛下，儿馁终凭郗鉴存。

偏爱覆巢犹有卵，却惊大漠亦开樽。
闻诗久欲偕诸弟，只恐风霜独倚门。

大顽

朝来旭日起东溟，多难惊看两鬓星。
半菽尚堪供雪窖，敝貂时共舞龙庭。
驹随枥下惭千里，金尽篇中剩一经。
但愿椿萱寒更茂，冰霜长伴八千龄。

二愚

知年何处问尧蓂？但觉年来鹤似形。
玉树阶前浑是雪，老人天上见为星。
参苓亦可延寒岁，诗礼时闻过朔庭。
欲效伯兄齐献祝，千年松柏似青青。

雪蛆

当年亦自悔悬弧，欲射四方亦枉图。
半刻山河惟裂眦，千秋杀活在拈须。
只应兔管天心见，恨不龙泉颈血枯。
想得玉京时一笑，存亡生死总同途。

冰鬼

岂特文章世所宗？寒天惟我论心胸。
不容然后见君子，请学何妨是老农。
大雪自应持汉节，高松宁肯受秦封。
最怜门下余穷鬼，此外仍多野鹤踪。

石人

相寻两度忽相思，白社重开敢后期。

司马门前宁曳履，泰山顶上尚留碑。
补天可是终无术，柱国真怜独莫支。
剥尽赤脂元少肺，煮将肝胆佐寒卮。

沙子

漠漠风生莫浪嗟，潮来曾共泛仙槎。
摛词欲夺清溪锦，学道真轻白马牙。
最爱一篇怀屈子，何烦千粒掷经家？
饶他鬼蜮能含射，影伴鸥闲到海涯。

青草

一丛寂寂自埋香，愿上裴公绿野堂。
却喜疾风知劲草，肯因寒雪损孤芳？
垂条不学章台柳，妆点全宜苏子羊。
近日禁中无可视，暂随诗句入奚囊。

狂封

黼哻曾将付子孙，只今风俗未成髡。
采薇已见叔齐死，抱器何妨微子存！
三代礼仪求在野，一篇洪范道仍尊。
华山此日难归马，雨雪凄凄不可言。

丁仙

衣白山人归故乡，只今洛邑是辽阳。
携将别岛峰头月，来佐前朝雪底觞。
淅淅西风千古泪，垒垒高冢一天霜。
世间甲子空三百，只恐重来社又荒。

子规

今时人共昔时人，五国千年更不春。
流落殊方连骨肉，凄凉异代足君臣。
乾坤易换啼难尽，江汉空流血尚新。
不见只今愁更阔，西湖珠海总荒榛。

不二

泪作洪波气作潮，纵枯到底亦难消。
君来我后事逾烈，死比生前恨更饶。
自昔在心惟向北，只今无日问同朝。
湘沅魂散江流细，大海茫茫何处招？

镇君

昨日今朝忆旧封，五臣瞬息走寒风。
云愁雾结攒眉顷，岳动山倾掷笔中。
正直难容吾幸在，聪明速祸尔方穷。
茫茫总是群生事，天地由来尚未穷。

北里

（答诸公见赠）

神农虞夏忽芜荒，五十五年事杳茫。
绛县春秋羞甲子，楚歌宋玉谱宫商。
腐儒不死蠹空在，窜客添龄罪愈彰。
松柏好存冬日色，任随沤沫注沧桑。

第二会　搕歪

戕辰承搕歪大师率诸公赋诗投赠。至后五日，即师一手

指天之期。予作颂，诸公和者亦如前数。

北里

去年已见西方曙，今岁仍亲大海澜。
片月人天随竹杖，慈云忠孝一蒲团。
既穷震旦三千里，又想尧蓂十二看。
劫火常留多佛塔，苍生灰烬共盘桓。

涌狂

土床闲坐啜黄齑，得句时翻经背题。
义胆久拌沙暴骨，禅心不学絮粘泥。
难期苏子看瓶乳，长伴支公听马嘶。
塞外无花拈雪示，何人微笑各凄凄。

大铃

终年长许傍孤筇，翘首云飞第一峰。
瓶汲几千湘水浪，鱼敲欲起鼎湖龙。
既收残骨埋花雨，又召游魂听雪钟。
五岭三山当此日，清泉共酌祝寒松。

正羞

拈将寒瀑问吾师，华首仍余未斫枝。
十丈青莲半橛矢，一腰白雪两茎眉。
已知佛碗灯为火，那见人间沙作糜？
得髓及皮予是石，不知瓦钵付阿谁？

希与

亭前柏树子青青，风雪当年恨独醒。
纵死两间留正气，才生四月睹明星。

谈经听去人为石，乞食归来月满肩。

却笑诗篇成罪案，新题今又遍龙庭。

焦冥

百炼曾经骨愈坚，孤身迢递出长边。

死生既了人伦系，忠义仍凭祖道传。

枯寂无心时咄咄，氍毹破衲亦翩翩。

丹砂欲作如来供，只恐如来不羡仙。

寒还

采薇直上首阳巅，好供人间忍辱仙。

刀锯尚能余白足，冰霜依旧长青莲。

苦将杲日留方寸，笑把微尘掷大千。

安得我离烦恼早？朝昏长礼法王前。

甦筑

罗岳飞云杖独登，天山积雪更崚嶒。

英雄古佛来寒碛，节义文章属老僧。

一寸丹心三寸舌，千家香饭五家灯。

猊烟缥缈天龙拥，如此投荒见未曾？

叫寰

忽闻狮子吼空林，几度来参白雪深。

松麈顿令顽石起，蒲团长有野云侵。

仍余点点人天泪，未了纤纤侠烈心。

何日佛容为弟子，免令朝夕费相寻。

东耳

掷却吴勾久不看，乌藤七尺斗牛寒。

心经雪窖何曾冷，泪到空门总未干。
妙喜多言五岭远，苏公好咏一生难。
灵山不及西山会，薇蕨优昙作是观。

天口

先子遗文付弟昆，辞家久矣托空门。
杖头欲豁天人眼，笔底先招忠义魂。
身世肝肠伤半碎，乾坤风雨冷全吞。
田衣泪渍缘何事？到死知君不哭冤。

兀者

飘然孤锡泪如麻，为悯寒边老作家。
漠漠黄沙成佛土，纷纷白雪散天花。
传灯尚欲留三代，说法时兼演五车。
天下众生余最苦，迷津凭指海东涯。

锦魂

世间两字是君亲，明白输他世外人。
自是传家无二道，犹闻报主有孤身。
到边已作开荒主，先代曾为柱石臣。
见说佛慈原等视，巨航普度尽顽民。

刺翁

大漠飞沙白昼昏，肝肠碎尽骨空存。
龙髯天上悲难挽，鱼腹江中冷欲蹲。
半缕发余思学佛，一林霜满叹穷猿。
禅宫亦自凄凄日，况是人间可复言。

光公

投师无计托空门，短发萧萧泪独扪。
荷芰已残曾可制，木鱼虽大不堪飧。
频年无复知生乐，此日空余见佛尊。
但愿梵音清切处，晨昏或可召冰魂。

春侯

惠州天上旧知君，救世才猷寿世文。
累代箕裘全与弟，千年钟鼎薄于云。
天倾不觉袈裟动，鬼哭唯馀柱杖闻。
此日此边相忆处，盘冰一觉泪纷纭。

薪夷

不羡人间布地金，萧然破衲冷风侵。
家山应自添新梦，塞雪真堪助野吟。
何必尽留文字障，定知难解友朋心。
寒斋几度劳飞锡，目极千寻黑浪沉。

孝滨

十年前现比丘身，旧习难忘下笔神。
心史未能藏古井，新诗直欲问高旻。
谁知浊世佳公子，便是湘江老逐臣。
海畔行吟时说法，人天八万尽沾巾。

小阮

曹溪久矣羡南宗，何意今来北塞逢。
菽水难供思托钵，雪花初下忽闻钟。
重开白社吾将往，又恐黄尘佛未容。

翘首城南高座上，寒冰千丈冷芙蓉。

阿玄

何缘此日得逢渠？竹院闲过饭一盂。

迁史腐刑孙子刖，沩山水牯赵州驴。

余情未剖贪成佛，大义难忘每读书。

却笑针锤终未恶，又容饶舌到荒墟。

大顽

三尺穹庐僧作邻，不嫌托钵到门频。

猖狂普化重来世，憔悴灵均是化身。

却怪爱君偏野老，须知选佛亦文人。

趋庭每许闻新句，自觉寒边日日春。

二愚

门前竹杖破莓苔，木佛烧残志不灰。

未丧斯文留子在，欲闻大道喜师来。

父兮每咏惊新和，伯也前驱愧后陪。

料得夜寒犹有梦，乡情端在岭头梅。

雪蛆

野鹤何天不可飞？时同寒雪共栖迟。

火风劫尽身仍在，西北天倾杖欲支。

不愧先公真肖子，元来出世是男儿。

死生知罪浑无涉，却怪年年只有悲。

冰鬼

乾坤纳纳一身孤，出世分明大丈夫。

松柏自堪凌塞雪，菩提终不怨秋荼。

从来罪案添洪杲，始信宗门有董狐。
青史传灯无二事，笑他枯衲与迂儒。

石人

又见生公冰四围，顽心如我足相依。
痴犹研雪从添罪，妄拟炊沙为赈饥。
一世心肠频看雪，大千勋业在披衣。
才拈白骨天龙惨，花雨纷纷带血飞。

沙子

昔年西度到神州，此日漂流伴海沤。
久掷紫金成粪土，肯随黄石傍山丘。
江河可是终难塞，鸟篆从兹正好留。
请看只今堤上筑，何如撒手大潮头。

青草

一寸芳心自不同，几偕松菊傲霜风。
窗前自许依周子，溪畔长宜揭远公。
已爱社中莲瓣白，肯随马上石榴红。
当年错恨丹青画，今日方知色是空。

狂封

何须八百与亡商？沧海由来好变桑。
天运欲穷无大雪，野人先自学佯狂。
幸将斯道留孤杖，犹喜拈花到外方。
白马若能先汉至，袈裟定作老僧装。

丁仙

山前华表雪风寒，纵有千年泪不干。

卫国乘轩看若梦，青城飞矢避应难。
翎输莲瓣三分白，顶共君心一寸丹。
城郭已非人尚是，可能骑我海天宽。

子规

日暮凄凄向北鸣，如何天事总难明？
最怜枝上三更月，照见人间五国城。
十二金牌恨未了，一条竹杖泪方盈。
血流满地君休听，古佛由来亦有情。

不二

不二歌残天地沉，感君霜夜一孤吟。
几年但食僧堂饭，到死空余故国心。
曾学双趺惟一面，每听清梵亦盈襟。
只今沧海愁云里，除却莲花总不禁。

镇君

老僧本是山中住，一出山中事便多。
鱼鹿纵应劳短策，蜗牛何必用长歌。
骨头欲比岩岩石，意气仍留浩浩波。
从此极巅供陟降，青天咫尺手堪摩。

搕蚕

（答诸公见赠）

刀俎遗余生久残，漫劳诸子摘琅玕。
春风沙碛惊新至，腊月盘冰好共餐。
万里乡关三岁梦，七斤布衲五更寒。
淹留竟日归须晚，只恐重来事又难。

招诸公入社诗（诸公答诗附）

招不二先生

三扣先生知不知？残僧亦有胆堪披。
莲花一瓣归来好，上帝年来只掩扉。

不二答

何意相寻到海涯？袈裟微动我先知。
帝阍纵扣原无益，只恐空门亦有悲。

招雪蛆

冰作肝肠我作邻，爱君清冷绝纤尘。
死生欲了三冬事，只恐寒消不耐春。

雪蛆答

天地高寒一世人，对君如水话应频。
死生总是须臾事，犹幸长边不见春。

招青草

一寸青青自耐霜，茂陵骊岳总茫茫。
黄尘不独埋红粉，社里莲花比尔香。

青草答

红粉消沉恨独长，千年曾许伴寒霜。
远公一去君今到，那见莲花日日香。

招子规

乾坤千古总糊涂，何事年年带血呼？
只有莲花归处好，凤凰山上亦荒芜。

子规答

千年痴恨在西湖，无奈啼多血亦枯。
木佛已烧山寺冷，不知莲社久长无？

招狂封

三韩总是尔封疆，黼冔能留只一方。
洪范遗编存布袋，归来别有好商量。

狂封答

国家抛尽话伦常，只道余狂尔更狂。
三子西山居不远，待来携手到僧堂。

招冰鬼

白水青波是旧身，夜深惟许尔相亲。
衲衣一片寒侵髓，不久当为若辈人。

冰鬼答

雪是家乡月是邻，闲来偏与老僧亲。
即今便是吾侪辈，谈到当来一点尘。

招丁仙

归来莫羡海天宽，眼见天倾海亦干。
从此社开时可到，千年那得一人存。

丁仙答

到处孤云共一间，弥天风雪骨毛寒。
杖头已了无生话，一日千年作是观。

招石人

松麈招来好论心，怜君独自立高岑。
攒眉欲去非关酒，只恐愁多抱尔沉。

石人答

共尔沉江我亦欣，相从终不了顽心。
笛声未听肝先烈，惆怅当年直到今。

招沙子

大地茫茫一聚尘，我来扑面尔先迎。
他时片骨知堪托，莫使沉埋见月明。

沙子答

聚散由来不可论，大千佛土总成尘。
黄泉亦是安身地，何事偏于白月亲？

招镇君

聪明正直亦前因，五戒曾闻授岳神。
我到冀营君是主，净除庭雪待风轮。

镇君答

古庙禅房近作邻，灯光长与法王亲。
麈挥每逐天龙后，白社偏劳问主人。

悼奉天大慈恩寺修缘老和尚

广觉

业海鼓鲸波，佛灯黯欲灭，
诸天默无言，罗刹竞毁辙。

龙象世难留，群生痛欲绝，
白山既㩻㩻[1]，黑水亦呜咽！
北望复南瞻，如何泪不热。
昔公行道时，红螺闭高洁；
今公撒手时，白莲香何烈。
幻迹有去来，实相无圆缺。
见公契悟处，方是法门杰。
持语同心人，如来无所说。

（原载于《佛学月刊》第3卷第3~4期，1943年，第25~26页）

张作霖重修慈恩寺

按：

《张大帅重修慈恩寺》固然为民间传说[2]，但恐并非完全捕风捉影。现存沈阳慈恩寺方丈修缘和尚（1943年圆寂）舍利塔的沈阳慈恩寺下院善缘寺内有张作霖五姨太捐铸的大钟，该钟铸于“壬申五月”即1932年农历五月（钟上铭文“山善缘寺开山人玄拖，徒妙魁、妙信”，玄、妙师徒

1 虽颓音，屋坏，见《广韵·平声·灰韵》。
2 流传地区：辽宁一带。

属金顶毗卢派）。张作霖五房寿夫人寿懿，沈阳人，满族，九一八事变后居天津，1948年冬离津赴沪，后去台湾，1966年病故；张作霖大帅府中事务一直是由五夫人主持，故其有财力捐铸佛钟。

张作霖四房许夫人许澍旸，出身于天津教坊，张学思将军的生母，七七事变后移居美国多年，新中国成立后只身回国，1976年卒于北京。许澍旸出身贫寒，不满封建姨太太生活，多次争取下一度入奉天省立第一女子师范学校学习，也因此当时的社会流言很多，她本人亦多次失宠。《张大帅重修慈恩寺》中说她一度精神萎靡，恐有一定社会背景依据。

另据步真老和尚的朋友千山五龙宫老道所讲，步真和尚到沈阳以后，哪个王爷的老婆有病，就把她治好了；王妃问他要什么酬劳，他说他是出家人，什么都不要。王妃一再坚持，后来他说他想去慈恩寺住。

张大帅重修慈恩寺

讲述人：崔尚臣[1]

搜集整理人：马中[2]

沈阳市大南边门里，有一座雄伟壮观的寺院——慈恩寺。它有五层大殿，占地一万多平方米，是东北较大的一个禅林。

1 崔尚臣，男，78岁（已故）。

2 马中，男，44岁，初中文化，沈阳市大东区小北房管所电工。1986年1月搜集于大东区。

六十年前它只是个方八尺的小庙。庙不但小，也没有庙产和庙地，所以也就没有常住和尚。有一年，从关里来了一个云游和尚法名步真，住在这个庙里。他白天出去化缘，夜晚在庙里诵经，早晚时间就扛着个三十六斤重的镔铁禅杖出没于乱坟圈子，荒草甸子，地头壕沟，浑河边上，见着有无人掩埋的死倒和死孩，裸露的白骨以及死猫死狗，他都用禅杖掘坑掩埋好。再念上一遍往生咒。他天天如此，一晃就是三十几年，庙附近的人们看到他的这些作为，认为他一定是个老修行，道行不浅，于是，都愿意接近他。有时候谁有个头疼脑热，磕着碰着的事情就请他给看看。他就给按摩按摩，有时也施舍点小草药。还挺灵验，经他手治病的人治一个好一个，渐渐地就传开了：慈恩寺来了一位活佛。

这年春天，张作霖的姨太患了精神病，整日里又作又闹，又哭又笑，见神见鬼，寻死上吊的。闹得大帅府日夜不安。遍请奉天城里的名医和外国洋大夫，不但没治好她的病，反而越治越厉害。张作霖很苦恼，就叫包瞎子给算一卦。包瞎子掐算了一会说："四姨太的病是个嘎咕病，四大名医治不了，得请个现世活佛来，才能治好。"

张作霖开口就说，"他妈巴子的！"随后问道："哪请活佛去？"一个副官在旁边禀道："听说大南边门有个小庙，前几年从五台山来个活佛，很有道行，而且普度众生，大慈大悲，把他请来给四姨太看病准行。"

第二天，张作霖就派那个副官把步真法师请到大帅府。张作霖一看这个老和尚，身高有六尺开外，身材魁伟，形如罗汉，头大如斗，耳大如扇，鼻准通天，两眼闪光，紫红色的面皮瞅着直冒火星，身穿一件百衲僧衣，合掌一声，“南无阿弥陀佛”声如洪钟，不由得肃然起敬，连忙禀手说道：“老法师，我的四姨太得了邪病，请你大发慈悲，解救解救她吧。”步真和尚道：“病之源心也，心不正则邪入侵，邪入则病生，心正则邪去，邪去则病不侵。请在四姨太卧室内设一法座，待贫僧施法治病。”

张作霖亲自领和尚到四姨太的卧室，在四姨太的象牙床边设一法座。和尚吩咐道：“从现在开始，此屋要关严门窗，不准任何人进来，饮食供果也不必送来，三日后，法事做完，保管四姨太病去身安！”

张作霖等人只好退出屋去。步真法师升禅打坐，二目微闭，双手合十。说也奇怪，每次请来的看病医生都被四姨太打骂得抱头鼠窜。这回她一见这位老和尚却一声不响，老老实实地躺在自己的象牙床上，两只眼睛吧嗒吧嗒地瞅着房顶。忽听老和尚一声断喝：“坐起身来，跟我呼唤佛号！”四姨太真的坐起身来，双手合十，跟着和尚一句一句地呼唤佛号，一直呼唤了三天三宿（就是现在的精神疗法）。

三天整，法事完毕，步真法师打开房门，见张作霖正垂手待立于门外，忙打个问讯“阿弥陀佛！”张作霖也回礼道：“活佛辛苦！”便急忙走进屋去。只见四姨太病魔已去，容光焕发，比有病前更加娇艳！喜得张作霖像喝了蜜糖似的不住嘴地说道：“真是活佛，真是活佛！”

为了答谢步真法师治好四姨太的病，张作霖捐了二十万块大洋重修慈恩寺，寺院落成后，他又亲送一块金匾，上写“大雄宝殿”四字。

从此慈恩寺才有现在这样的规模。

从消极厌世变为积极利生

释导尘撰

伟大祖国建国十周年的节日来到了，让我们佛教徒以充满着愉快的心情，在庙貌重新、香云缭绕、佛光辉煌的寺院里，来欢腾地祝贺吧！

解放仅仅十年，由于中国共产党和毛主席的英明领导，在一穷二白的祖国土地上，既完成了新民主主义革命，又完成了社会主义革命。尤其是一九五八年，在党的建设社会主义的总路线光辉照耀下，展开了人民公社化伟大运动，使社会主义建设事业形成了一个飞快发展全面跃进新的形势。现在我们亲眼看见我国六亿人民离苦得乐，我们难道不衷心欢喜，尽情赞叹吗？

十年来，由于党认真贯彻了宗教信仰自由政策，我们佛教，无论是在佛法的弘扬上、爱国的行动上，都有了新的进展和提高。我们的暮鼓晨钟、经声佛号虔诚地诵念着，逐年的佛、菩萨的道场法会都庄严隆重地举行着，在家信徒参加随喜供养，真是法幢高标，人天赞仰。就辽宁省佛教说，政府支持我们成立了省、市佛协机构，修理了慈恩、般若、法济、实胜四处古道场，对老年的佛教徒，每年都给适当的生活照顾。这许多事实，不仅说明了我们信仰有充分的自由，同时也给帝国主义造谣一个有力的回击。

我们沈阳市的佛教徒，在政府的正确领导下，在中国佛教协会的指导下，经过各项运动的启发和不断的政治学习，爱国觉悟普遍地有了显著的提高，从而都积极地参加了祖国建设事业与保卫世界和平运动。现在我们无论在思想上或行动上已由消极厌世变为积极利生，由暮气沉沉变为朝气蓬勃了。这样由染到净、由坏到好的转变，既实践了佛陀"庄严国土"的教义，又获得了人们的尊敬。因此，在省市区人代、政协、青联、妇联都有我们的代表参加，这更说明了佛教徒的社会政治地位，也是空前的提高了。

在过去旧社会里，封建主义制度笼罩着我们，佛教也为他们所利用作为剥削人民的工具。只有共产党领导我们前进，关怀我们的生活和学习，才使我们认识到真理，辨明是非。只有彻底粉碎剥削阶级的"宝座"，站到劳动人民队伍中来，才能为广大众生而作佛事。因此，我终身爱护我们党和祖国，任何帝国主义和反动分子都动摇不了我走社会主义道路的决心。我愿意看到一切众生离苦得乐，因为这是我们佛教的真义：我们不仅有这样善良的愿望，我更为这个愿望而精进不息！这是我的大愿大行广作佛事的决心。

《佛说梵网经》讲录（节选）

按：

1980 年夏天，沈阳慈恩寺退居方丈慧僧老和尚应邀在美国万佛圣城法界大学暑假班讲《佛说梵网经》菩萨戒十重四十八轻戒。这里节选慧僧老和尚从释名、显体、明宗、辨用、教相“五重玄义”来解说《梵网经》大意；慧僧老和尚讲法时常将平生经历和东北佛教习俗融会贯通，读者阅读时亦可留意。

开经偈

无上甚深微妙法　百千万劫难遭遇

我今见闻得受持　愿解如来真实义

今天开始讲《佛说梵网经》。这部经是有关菩萨所持的戒律。谁能持这些戒律，谁就是菩萨；就是那么简单。因为经云：“若人受佛戒，即入诸佛位。”要是受了菩萨戒，就入诸佛位；所以这是一个很简单的事情。为什么呢？因为“佛是已成佛，我是未成佛。常作如是信，戒品已具足”，佛是已经成的佛，我们众生是还没有成的佛；常常有这种的信念，菩萨戒的戒品，就已经具足了。

中国宋朝有一位永明延寿禅师，他作一个“永明唯心诀”，说一切法完全是唯心的。它的文很长，我记下这么几句：

观沙界于目前……收群生于掌握……

变丘陵为宝刹，移净土于秽邦……

此乃群生之常分，与众圣而同俦……

非假变通之力，不从修证之因。

德量如然，尘毛悉具……

简单的意思是：看那恒河沙的世界就在目前，根本一点儿不费力。能够把群生都握在手掌上，有这样的能力。丘陵，是指娑婆世界而言。宝刹，是诸佛的庄严刹土。能够把丘陵，也就是我们这浊恶、瓦砾荆棘的世界，变成佛世界，变成极乐世界。净土，如西方极乐世界，或东方琉璃世界等等。能把极乐世界，挪到我们这污秽的世界上来。

这种能力，什么人能够做得到呢？这是非得佛才能做到的。佛能做到，众生也有这种能力，这是一切众生平常分内就有的，是人人本有，个个具足的，与一切的圣人、诸佛，都有同等的能力，无二无别。它不是用神通变化之力，也不是因为修行证果才有这个能力；而是法尔性德，原本就有这个能力。有这个能力，现在怎么就没有了？为什么常在轮回里受苦、不能作主，原因在什么地方呢？就是因为有三个字把它束缚住，所以什么都做不到了。

这三个字是什么呢？就是贪、瞋、痴。这贪瞋痴三个字，在世间法来说，以为有贪瞋痴，这还好。好比说，这个家庭里头，要是有一个小孩子，他从外头拿东西回来，唉！这个家里欢喜了：“这个小孩子不错！”其实这正是一种“贪”的起始。“瞋”，在世间法来说，“无毒不丈夫”，假如有瞋，这才能够有丈夫气概。在佛法上来说，就不是这样了；这贪、瞋、痴，是法身的一种病。“痴”，是愚痴。在佛教里，所说的愚痴，不是说那个人是傻瓜、白痴，不是那样；而是说无明。“无明”，就是无所明了，缺乏智慧。要是有智慧，就不会起贪，不会起瞋，所以贪瞋的起因是痴。

现在讲菩萨戒，是由戒而能生定，由定而能发慧。戒、定、慧，是三无漏学，以这三无漏学，才能够治伏贪瞋痴三毒。拿个比方来说，一个国家的正规军没有力量，就起了游击队、叛乱分子；慢慢的，这个江山就不稳了。一个人，就像一个国家似的，如果戒定慧的力量没有了，那么贪瞋痴它就作主；贪瞋痴要是作主，这戒定慧就慢慢失败了。但是，如果戒定慧能够作主，贪瞋痴它就起不来；贪瞋痴起不来，那么前边这几句话，“观沙界于目前……收群生于掌握……变丘陵为宝刹……移净土于秽邦……”就都能显现了。

有一首偈颂说贪瞋痴的意思，说得很清楚：

众生知见佛知见，如水结冰冰还泮。
戒力春风佛日辉，黄河坼声震两岸。
切莫痴狂向外求，悟彻依然担板汉。

“众生知见佛知见”：众生的知见和佛的知见，原本是相同的。要是同的，怎么众生既没有神通，也没有妙用，是什么原因呢？我们说个譬喻来解释。“如水结冰冰还泮”：就像水，水的体性是无障无碍，它能随缘而不变。假使把水放在圆形的器皿里头，它就成圆形；把水放在方形的器皿里头，它就成方形；把水放在长形的器皿里头，它就成长形；它有随缘的性，所以它是任运自在的。

可是冰就不同了，一旦冻成了冰，它就不行了。这冰啊，你冻的是方冰，就不能放在圆形器皿里头；冻的是圆冰，放在方形里头就放不下去。我们众生起了贪瞋痴，就像水结冰一样。现在要把贪瞋痴解除，就要想办法把冰化了，冰化成了水，就任运自在了；要是由水结了冰，这就不自在了。冰还泮，泮就是溶化了，能够用戒定慧的功夫把冰化过来，那么它自然就有一种随缘的妙用了。

“戒力春风佛日辉”：持戒的力量像什么呢？就像春风似的。你看那冰，无论怎么厚的冰，春风日暖，冰慢慢、慢慢地就没有力量，它就要溶化了。“黄河坼声震两岸”：黄河冻了冰，冰很厚，几千斤的大车都能够在上头走，你看！那冰的力量多大？这时候，春风一来，日光也热了；这个日就像佛，这个戒就像春风。坼声，就是崩裂的声，就像墙有了缝就开坼了。黄河的冰化了，就是崩裂这么一声，就震动两岸了。两岸，就是一个此岸，一个彼岸；此岸是指众生，彼岸是指佛。人修行的时候，能够持戒、用功修行，当道力成就的时候，对于众生有一种感动力，对于诸佛也有一种欢喜力。

“切莫痴狂向外求”：千万不可以向外驰求，要向心地上研究。向外驰求，就等于随名逐相，是不容易得道的；心地上求，才能够得道。“悟彻依然担板汉”：到有一天豁然开悟了，人一悟了的时候，他表面上还是一个凡夫样，跟凡夫还是相同的，不像佛有三十二相、八十种好，但是心地上可不同了！心地上，他是一个断贪瞋痴的人，不像凡夫贪瞋痴具足。

以上还未正式讲到这部经。中国各宗解释佛经，各家有各家的讲经形式。在未正式讲解经文之前，或者用天台的五重玄义，或者用贤首的十门分别，来解经。我在中国入佛学院的时候，学讲经，学的是天台宗。今天我讲的，是依照明蕅益（智旭）大师的注解，用天台的五重玄义来阐经。怎么叫作五重玄义？“五重”，就是五个层次。“玄”，是幽微难见。“义”，是深具理致，深有所依。有五种幽微难见、深有所依的层次道理。五重玄义是：

（一）释名

（二）显体

（三）明宗

（四）辨用

（五）教相

第一释名，是解释经的题目。譬如，此经经名是《佛说梵网经》，品名是《菩萨心地品》。释名之后必显体。

譬如举出一个人，这个人叫什么什么名。但是，光知道名字，这个人是什么样子？是大个子、是小个子？是男、是女？等等，因此要显体。要见着他这个体，才知道这个人；只知道名字，还没那么实在。显体之后，就要明宗，说明《梵网经》是以什么为宗。第四要辨用，讨论此经有什么作用。第五是教相，就是判断这部经典属于那一时、那一教。

听经很容易听到，听教却很不容易，多半在佛学院里才会讲教。“教”与“经”不同。“教”能把佛一生所说的，把它分别得清清楚楚——佛说的是大乘菩萨教？或是小乘声闻教？这些问题，须经由“判教相”才能够明白。名、体、宗、用、教，这五个说过了。现在开始解释五重玄义：

（一）释名：释名有二，先解释《佛说梵网经》的经名，其次解释《菩萨心地品》的品名。

此经名《佛说梵网经》。先解释“佛说”二字，怎么叫作“佛说”呢？乃大圣慈尊，四辩宣扬也。大圣慈尊是指佛，四辩是指四无碍辩。（一）法无碍辩：佛为法王，是一切诸法之王，所说的法无穷无尽。（二）义无碍辩：佛说法的时候，在法里头有一种道理，有一种意义；这种义理，也是没有穷尽的。（三）辞无碍辩：言辞方面也无碍，通达涌泉。（四）乐说无碍辩：无论怎么样说，都是自由、毫无拘碍的，横说竖说，都讲得头头是道，左右逢源，怎样说都有理。这就是佛的四无碍辩，用这四无碍辩来宣扬《梵网经》。

次解“佛”字。佛，是梵语，具足云“佛陀”。翻到中国话，就叫“觉者”，是一个觉悟的人；他已经明白了，觉悟了。但是这个觉悟也有分别。凡夫的觉悟是妄知妄觉——所有的觉悟是妄的，不是真的。至于外道，他有一种悟解，但是他那种觉悟是邪知邪觉。至于二乘声闻、缘觉，他们也觉悟了，但他们所觉悟的没得中道，只能够悟于空理；世间法有形有相的东西，他知道是空，明白这种空理；只是偏空的方面上，他不明白中道，这是偏知偏觉。菩萨是正知正觉，但没能达到究竟圆满。唯独佛才能自觉、觉他，觉行圆满。凡夫不能自觉；二乘只能自觉，不能觉他；菩萨能自觉、觉他，但不能圆满。唯独佛是自觉、觉他，觉行圆满。所以《佛说梵网经》的“佛”字，具足这三觉的意思。

另有一个更详尽的说法，来解释“佛”字，就是“六即佛”的道理：（一）理即佛、（二）名字即佛、（三）观行即佛、（四）相似即佛、（五）分证即佛、（六）究竟即佛。

一、理即佛：“一切众生，本具觉性。”一切众生本来就具足觉性，理体就是佛。

二、名字即佛：“闻此理性，圆解初开。”听到这种理性的道理了，就能够开悟，知道佛法是了不起的；能够知道这种道理特别地圆满。

三、观行即佛：“念念观心，伏五住惑。”要是能够依照圆教的道理，念念修行，念念用心地功夫，就能够降伏五住惑。五住惑是什么？就是：（一）见一切处住、（二）欲爱住、（三）色爱住、（四）无色爱住、（五）尘沙无明住。这五样，都是烦恼。

（一）见一切处住：这是指一切凡夫的执着，无论看见到什么境界都以为是好的，因而去执着，这是一种见惑。

（二）欲爱住：譬如有人用功修道，把一切的境界都看空了，超出凡夫的执着而得升六欲天。一旦到了六欲天，觉得天上比人间快乐自在，就停留在天上不再勇猛向前；这就是欲爱住，在欲界里执迷眈住了。

（三）色爱住：如果这位修行人，进一步到色界天，但觉得色界天的禅定乐非常自在，再也不向前，于是又被眈住了，成色爱住。

（四）无色爱住：假如修行人能更进一步而升至无色界天，这时身体形相都没有了，只留下一个识。如果执着这个境界，便成无色爱住。

（五）尘沙无明住：把欲界天、色界天、无色界天都超出去了，还有个尘沙无明住。尘沙无明住是什么？就是根本的烦恼。尘沙惑，就是对于度众生方面受障碍了："哎呀！众生怎么这么难度啊！"就生退心了。这是因为众生的根性，各式各样的脾气，如尘沙般的多，便生退转心，因而在度众生方面便生出障碍。无明，就是一种根本烦恼，根本滞碍。若能降伏这五住惑都不起了，这就证得"观行即佛"。

四、相似即佛："功深垢落，净于六根。"循序不断去修行，日久功深，洗涤心垢，把烦恼垢都去除了，六根（眼、耳、鼻、舌、身、意）都清净了，这时便证得"相似即佛"。拿个比方来说，这相似即佛就像什么呢？就像打铁似的。这铁虽然没能成器，把那铁锈已经都除掉了，这铁锈掉了，就叫相似即佛。又好比说，我们刻佛像，先把佛的轮廓刻下来，再把耳、目、口、鼻、眉等形相塑造了，可是没贴金，也没开光，这就是"相似即佛"。

五、分证即佛："分破无明，分见法性。"这比如把佛像一分一分的贴金。无明惑有四十二分。每破一分无明，便显一分法性。在教理上说，能破一分无明、显一分法性的人，就能"百界作佛，八相成道"——在一百个世界上成佛，一百个世界上八相成道。能破二分无明的人，就能"千界作佛，八相成道"。能破三分无明，显三分法性的人，就能"万界作佛，八相成道"。如此类推，能破四十二分无明的人，就能于无穷无尽的世界上作佛，八相成道。这就是"分证即佛"的道理。

六、究竟即佛："无明断尽，理性圆显。"断尽四十二分无明，功圆果满，真如道理完全地都显出来了，这时便证得"究竟即佛”。

现在讲一个用“六即佛”破外道异端的故事：过去我在东北时，有一次脚生了疮，就到一家膏药店去买膏药。膏药店的老板见到我，很客气地拉开凳子请我坐，并且请我喝茶。我心想：“就买这几帖膏药，也不是什么大雇主，他还这么客气？”接着，他打开话匣子向我传教，说：“法师！你们是红阳世界的和尚，但现在已经是白阳世界。释迦牟尼佛在世时是红阳世界，而今弥勒佛出世，是白阳世界。这个时候的出家人不能成道；‘道’已落入火宅，落到俗家人之手了，唯有在家修行才能成道！”

我一听，这是白阳教才这么说！于是就用“六即佛”的道理向他解释：“在理体上而言，根本一切众生都是佛，也不分出家、在家，这叫理即佛。听经明理之后，才进入名字即佛的境界。好比从沈阳坐火车到北京。要坐上火车，才好比观行即佛。进入山海关，知道离北京不远了，这就能比喻是相似即佛。火车每进一站，便靠北京近一点，这比如分证即佛。一旦过了天安门，确实到达北京了，这才是究竟即佛。”

我这么一说，膏药店老板一听之下，两眼发直，他那一套也不讲了。然后他问：“法师！你住哪座庙呢？”我说：“我住在万寿寺。”他问：“你们庙上讲经不讲经呢？”我说：“讲经。”他问：“什么时候讲呢？”我说：“每年夏季，从四月十五至七月十五都讲经，讲的时候都有登报纸。”老板说：“哎呀！还是得要听经。我原本以为我们在家人才能修道，出家人不能修道。现在听师父一说，才知道自己的思想是错误的！”

由此可见，用六即佛的道理可以破此类的邪知邪见，否则他便会一直错到底，岂不是太可惜？六即佛的道理，能破人懒惰懈怠、贡高我慢、高特圣境、自卑败劣等等知见。人都是懒惰懈怠的。就有一班佛教徒，听到某一位法师向他们说：“人不用修行，到时候就会成佛。修行是白用功、白吃苦。”于是这班好懒惰的佛教徒都频频附和：“哎呀！法师说得真对啊！怪不得我们修行这么多年，一点利益也没有得到；原来还不用修行，到时候就自然成佛了。法师说了，我们这才明白！”

以后，这些人怎么样呢？每逢什么地方有法会，这些人到那儿也不拜佛，就站在一边看热闹。好比说，人家唱《大悲忏》或《炉香赞》，他们在旁边说：“不错！蛮好听！”但是只听而不随喜，辛苦事儿不作了，就是等着成现成佛。这样的人，拿六即佛的道理就能把他给破除了。其实他们只是理即佛，是个没出息的佛，如果不用功去真修实证，岂能真正成佛？天下哪有这么便宜的事？就是世尊也是“三祇修福慧，百劫种相好”，福慧双圆，才成佛果。我们薄地凡夫，坐在那里，就等着成佛，哪有这么容易？譬如一个宝珠原本有光，但是它掉到泥里而不能现光了，你得用功夫把这泥洗掉，它才能有光。所以这种懒惰懈怠的人，用这六即佛的道理，就能把他给破除了。

或有自卑败劣（卑劣慢）的人说：“佛的境界，唯独佛能证得。我们凡夫俗子，怎有机会修成佛位呢？”这种自卑败劣的人，他要是能听到六即佛的道理，以这“人人皆能成佛”的道理来解释，则群疑冰释。有些人贡高我慢，他那个我慢大劲儿来了的时候，连十方诸佛也不佩服，说：“这算个什么呢？”如果能以六即佛的道理问他：“你这么贡高我慢，究竟你是破了那一分无明，断了那一分惑呢？”这时他也不得不老实过来了。

“六即佛”的道理，是天台智者大师研究《涅槃经》而发明的道理。此外，佛又有三身：（一）法身，（二）报身，（三）化（应）身。法身是本觉性体，我们本觉的理性。报身是始觉智圆；刚开始觉悟，这种智慧就已经圆满了。化身是慈悲应现，即是应众生之机缘而示现；因为世间人，苦难的众生居多数，佛才现前，这就是应身。法身又名毗卢遮那，翻到中国话，就叫“光明遍照”。报身又名卢舍那，翻到中国话，就叫“净满”。化（应）身就是释迦牟尼，翻到中国话，就叫“能仁寂默”。

这三身，非一非异。非一，不是一个，是法、报、化三佛；非异，三佛原本就是一佛。因为众生的根性不同，所见的也不一样，有的人看见报身，有的人看见法身，有的人看见应身。又有一个比喻：法身，就像珠体，是圆的；报身，就像珠光，那光是净的；化身，就像珠的影，能够互相摄照。但是，离了体也没有光，离了光也没有影，它三个都是一体的。由影知光，由光见体，三身理明，梵网义显；这三身的道理要是明白了，梵网的意思，就都可以显明出来了。

以上解释“佛”字，次解释“说”字。这个“说”字，是“悦其所怀”也；佛是欣悦畅其本怀，而为众生宣说此经。故说：“诸佛久修久证一体三身，了知一切众生同具此德。大悲熏心，每思济度。今机缘初熟，乃接归本源世界，亲觐本尊，秉受心地法门。次复示成树下，普为凡夫结重轻戒。俾受者顿入佛位，成真佛子。度生本怀，于兹畅悦。”诸佛乃是以大悲心，把我们凡夫接引到如来地上。

"诸佛久修久证一体三身"：一切佛已经证得法、报、化，三身。"了知一切众生同具此德"：知道众生具足这种德性，有成佛的资格。"大悲熏心"：看到众生明明有成佛的资格，却舍了这种大利益，而不去修行，心里总是悲悯。"每思济度，今机缘初熟"：每每想济度，现在机缘成熟，才说这部《梵网经》。"乃接归本源世界"：把由凡夫地到如来地，有在修行的众生，都把他接到这个本源世界。"亲觐本尊"：亲自见着本有的法身佛。"秉受心地法门"：我们众生与佛是同体，神通妙用都是相同的。但是，佛有神通妙用，我们众生没有，这是什么原因呢？因为众生有贪瞋痴。贪，是一个慢性烦恼，慢慢的、久久之后堕落。瞋，是一个急性烦恼，刹时之间，一念之瞋就能堕落。

"次复示成树下"：示现在菩提树下成道。"普为凡夫结重轻戒"：给凡夫结十重四十八轻戒；重戒有十条，轻戒有四十八条。"俾受者顿入佛位，成真佛子"：结这个戒的意思，就是使令受戒者，能够顿然由凡夫位而入佛位，成就真正的佛子。所以"度生本怀，于兹畅悦"：度生的这种心，就悦所怀。

现在讲贪瞋这两种的堕落。中国六朝时代有南北朝，南朝有个梁朝，也就是梁武帝的时候。有一次，梁武帝和志公禅师在楼上远望，看到满山下着白雪，只有一个地方，周围一丈左右没有雪。梁武帝问："那个地方没有雪，是怎么回事呢？"志公禅师回答："那里大概有入定的人。"问："入定，那是高人哪！"答："不见得高。"问："如果不是高人，怎么能入定呢？"答："他这个人瞋心很重。"问："瞋心重！他怎么能入定呢？"答："他能够把瞋伏住，叫它不生，但是他还没有断。"所以，梁武帝和志公禅师就一起到那山上。一看，果然有一位虎海禅师在那儿入定，就把他请到宫里。

请到宫里之后，梁武帝和志公禅师说："你说他还有瞋，我看这个人很好嘛！一点儿也不动瞋。"答："那我们试试看。"试试，于是就请了很多的出家人，每人一份供养，就是他没有；但是他也没动念。梁武帝就和志公禅师说："你看！你说人家动瞋，人家一点儿也没有瞋嘛！"答："那么我们再试试。"第二次，用盘子装了很多金银、珍宝、衣料等等，每个人一盘。成排的出家人坐着，每人得一份，到最后的时候，他心想一定也能有一份，自己伸手就去拿了。可是这时候，宫女用手扒他的手，说："你没这福报！"这一下子，就把他怎么样啊？崩登儿就倒在地下，气死了。

梁武帝说："你看！我们为有瞋没瞋，把人家气死了，这不是罪过嘛！"志公禅师说："不要紧，你找个人骑快马，往西北走四十里，旁边有一棵大树，树上有一个鸟巢，这鸟巢里有四只鸟雏，你把那鸟雏完全都拿来。"梁武帝就依照志公禅师所说，派一个人骑马，往西北走四十里，果然有一棵大树，树上有个鸟巢，把这鸟都拿来了。拿来了，那四只鸟就死了一只。鸟死了，虎海禅师就活了。啊！你看，这期间他就转为鸟去了。虎海禅师活了，他自己也很觉惭愧、很觉得难为情。志公禅师开导他，从此以后这瞋心才减轻。

现在讲讲贪瞋痴的道理：人要想断贪、断瞋，非由发慧不可。贪瞋痴是三毒，又叫三贼。贼是指烦恼贼，唯独戒定慧方能对治。戒能擒贼；人有戒，就知道烦恼的来源，就能抓贼。定能伏贼；有定的人，就不容易起贪瞋痴，他能把它伏住，把它拴上、绑上了。但是，能够抓，能够伏，而不能杀，非得把它杀了以后，它才不会再起。慧才能杀贼，慧才能断烦恼；想要断烦恼，非得有慧。有戒有定，而缺乏慧力，还是不容易。所以这位虎海禅师虽然有定，然而他的瞋不断，还是一样堕落为鸟雏。

另一个关于瞋的故事。佛在世时，有位阿阇达王，曾邀请五百罗汉入宫结夏安居三个月，这供养的功德很大。阿阇达王将命终时，有一位大臣帮他扇扇子，一不小心，手没拿好，把扇子掉到国王的脸上。国王这时已不能够说话，但心里却起了一念瞋心，想:“哼！你看我现在没势力了，不能发号施令了，你就欺负我！”就因为起了一念瞋心，死后就堕为毒蛇。幸亏当时佛还在世，佛的弟子都是具足神通的大阿罗汉，因观察阿阇达王堕为毒蛇，于是倾全力救拔，集体为蛇说法，持咒、诵经，以种种加持之力，终于使他脱离了蛇身，得生天上。若不是佛的大弟子以神通力来加持，国王岂不是永堕蛇身吗？人的生死轮回千变万化，委实是很可怕的！

瞋是个急性的烦恼，贪是个慢性的烦恼。佛经上说，往劫时，有位五通仙人，他有天眼通、天耳通、他心通、宿命通、神足通，但是缺乏漏尽通，仍然还是凡夫。国王以为有神通就有道德，就皈依他为弟子。

这位五通仙人，每个月来皇宫一趟，不用坐车，也不用坐什么的，都是自己乘空飞行而来。但是，这次来的日子，正好国王有重要事，要去出巡，不能够招待他。国王就嘱咐他的女儿，说:“今天我师父来的时候，你替我好好虔诚招待。”说完话，国王就出去了。

所以当五通仙人到达的时候，公主就出去招待。印度的行礼仪式，都是接足礼；公主就用她的双手摸他的足，行最恭敬礼。但是这五通仙人，因为没有漏尽通，贪瞋还没断尽，就生出一种细滑想："公主的手很细滑。"有这个思想之后，结果神通就没有了，把五通完全都断了。吃完饭，他想要离开，但是不能飞了，这怎么办呢？这时候没办法了，就打个妄语，说："我来的时候，地面上有很多人想见我，都没有机会；这回我回去，我就走回去，我要见见他们，让他们都种个方便善根。"其实他是不能飞了。

回去后，他还得再修定，这五通才能够恢复。可是在河边修定的时候，鱼在那里蹦蹦跳，使他不能入定，只好离开河边。到树林里头，树林里也很静，但是树上又有鸟喳喳乱叫。这时候，他起了瞋心，想："将来托生，我要入水吃鱼，入林吃鸟。"（有一种毒鸟，中国北方叫作叼鱼郎，它就是吃鸟、吃鱼，也能够吃蛇。）由于他这一念之瞋，这个念头就种到八识田中了。以后勉强地把定力恢复，又得了五通。

这种定叫什么定呢？就是一种无想定，什么也不思，什么也不想。但不思不想里，缺乏慧力，单只是一个无想。在他死后，生到无想天。无想天的寿命有八万四千大劫。一个大劫有十三亿四千四百万年；八万四千大劫，这个寿命该有多么长啊！但是，在这寿命完了，享受完了的时候，他的业果熟了，就托生做叼鱼郎这种毒鸟了。你看！有那么大的道力，还是做了畜生；如果有慧，就不会这样了。所以啊！"慧"是很重要的；戒定慧三无漏学，就像宝鼎的三个足似的，缺一个也不行。

古人有一首偈颂来描写三毒，甚为贴切：

三毒相逢如鸩毒，此鸟至处草皆枯，

翎毛浸酒生火焰，入肚三分靛染涂。

把“三毒”比作鸩鸟。三毒要是在一起的时候，就像鸩毒似的。鸩，是一种鸟。这种鸟最毒，只要它飞过的地方，那地方的草地顿时就变成枯黄色。假如把它的羽毛浸在酒里，这酒就呼呼地自动燃烧起来！如果把这酒的火灭了，人一喝到肚子里，全身的肠子都会被染成靛蓝色。由此可知，贪瞋痴的毒多么厉害，我们怎能不谨慎地时刻防范。

在宗教方面，唯独佛教讲究断烦恼，断贪瞋痴。不讲断贪瞋痴，就不能出轮回；要想出三界，非得断贪瞋痴才能够出三界。

《梵网经》有上下二卷，但多半只解释下卷。至于丛林里诵戒，也只是诵下卷。上卷是卢舍那佛所说，下卷是释迦牟尼佛所说。上卷说三贤十圣次第修行的过程和分位。下卷阐明十重四十八轻戒的名相。

现在先解释“梵网”二字。为什么叫作“梵网”呢？经云：“时佛观诸大梵天王网罗幢，因为说无量世界犹如网孔，一一世界各各不同，别异无量。佛教门亦复如是。”佛看到大梵天王的网罗幢，在幢上的网，一个网孔一个网孔的，很大的网；因为这种关系，就说无量世界就像那网孔似的，那网孔无穷无尽，这个世界也是无穷无尽。一一世界都不同，这个世界和那个世界不一样，那个世界和此世界不一样。佛所教的法门，大乘、小乘种种的，也是如此重重无尽，因此以梵网幢的比喻为经名。

"经"字。经字，梵语是修多罗，翻到我们此方话就叫"契经"。"契经"是上契诸佛之妙理，下契众生之根机，所以叫契。契就是契合的意思。"为法为则，今古常然，故名为经。"这种经义立下来，古今不易，它常常是这样的，所以叫经。"从来译师，皆略去契字，直称为经。"自往以来的译师，都把契字省略，只留"经"字。

印度是个大国，语言也有不同的，就现在来说，还有十几种语言。所以"经"字，在梵语来说，也叫素怛览、素多露，我们简单地就说修多罗。因为印度国大，语言就不统一。以中国来说，吃饭和说话，这两件事是很普通的。吃饭，都有不一样的说法；在中国，我们就叫"吃饭"，在上海就叫"切肥（音）"，在潮州叫作"呷绷（音）"。你看！一个"吃饭"，都能说出这几样。"说话"，根本说话是很普通的，我们叫"说话"，在热河省就叫"唠磕（音）"，在山东就叫"拉瓜（音）"，在上海、宁波就叫"充壳子"，在四川就叫"摆龙门阵"。你看！这一个话就分出这么多的样子来。

契经，为什么叫契经呢？因为上契诸佛之妙理，下契众生之根机。众生的根机有上中下，妙理有真、俗、中，三谛妙理。所谓"上士一闻道，一闻便知妙"：上等根性的人，一听到这法就懂了，知道这道理很妙，是个修行要道，毫不犹豫，当下生信。"中流心清净，审思云甚要"：中等根性的人，在忙碌奔波之中不会体会"道"的重要；等心清净的时候，详审一思维，便知道修行是最重要、最宝贵的途径，说这是很重要。"下人愚顽钝，反倒生嗤笑"：最下根的人，他愚痴、顽耿，又钝劣，不但不信，不能够领受，而且还生嗤笑，说：“你看！这帮人尽说些个迷信的话，这干什么呢？”虽然是这么样，但因为大乘法宝是“闻而不信，尚结佛种之因；学而不成，犹益人天之福。”这还不至于堕落，能够增长人天福。所以大乘佛教的功德利益是不可思议的。

经又有五义：（一）法本、（二）微发、（三）涌泉、（四）绳墨、（五）结鬘。

第一、法本：经是诸法之本。藏经里头，有国王问佛教的道理、治国安邦的道理，什么道理都有，所以叫诸法之本。第二、微发：幽微奥妙的道理，都由经典里头发挥出来。第三、涌泉：法味无穷无尽，就像泉水似地滔滔外流。第四、绳墨：木匠工作时，要用绳墨打一下墨线；用着的，就照着墨线这样作；用不着，就把它砍掉，所以绳墨能够楷定邪正。经典的印证，能知道什么是法，什么教是邪，什么教是正。第五、结鬘：像花圈似地，把它结成一个鬘。古人有几句话可以解释花鬘的道理：“字解天地精，字列圣贤名，字散只一字，字合即名经。”

大意是说：字能够解释天地精微奥妙的理。往古的事情，都由文字流传下来才能知道，要不然，我们谁知道古来有什么事情。把文字次第陈列，便可以彰明圣贤的名字。譬如“释迦牟尼佛”这几个字，若把这几个字分离开了，就不是佛的名字了。所以说，字若是把它分散开来，只是一个一个字；若把它合拢贯穿起来，排列有序，便成为经。譬如“如是我闻，一时佛在某处某处”，这就成一部经。这和结鬘的道理是相同的。

经题，不出人、法、喻三类，又从此三大类分出七种立题。（见表 5–1）

表 5-1 七种立题

单三		
人	《佛说阿弥陀经》	佛是个人，阿弥陀也是个人。
法	《般若波罗蜜多心经》	般若是法，波罗蜜也是法。
喻	《璎珞经》	璎珞就是一种喻。
复三		
人法	《佛说涅槃经》	佛是人，涅槃是法。
人喻	《佛说梵网经》	佛是人，梵网是喻。
法喻	《妙法莲华经》	妙法是法，莲华是喻。
具足一		
人法喻	《大方广佛华严经》	大方广是法，佛是人，华严是喻；人、法、喻，这三个字都具足。

无论什么经典，都离不开这七种立题，就是单三、复三和具足一。以人、法、喻这三个字，就可以把题目完全都形容出来了。

这一品是《菩萨心地品》。“菩萨”是梵语，具足云“摩诃菩提质帝萨埵”。翻译中国话，就是“大道心成就众生”“觉有情”“大士”“开士”。菩萨依照四谛法，而发四宏誓愿。第一谛是苦谛，菩萨因为怜悯众生苦，所以发“众生无边誓愿度”之宏愿。第二是集谛，就是烦恼积集的意思；菩萨为除断烦恼，因而发“烦恼无尽誓愿断”的誓愿。第三是灭谛，菩萨以灭尽一切烦恼，寂灭为乐；为令诸烦恼灭故，因而发第三个宏誓愿：“法门无量誓愿学”。第四是道谛，道以能通为义。正、助二道相扶，能通至涅槃不虚。乃发“佛道无上誓愿成”的大愿，以证得无上佛果为究竟。菩萨能够上求佛道，下化众生，悲智双运，所以得一个菩萨名。中国，无论什么都喜欢简略，不愿意麻烦，所以“摩诃菩提质帝萨埵”就略去六个字，只存“菩萨”两个字。

其次解释“心地”。这个“心地”，也是一种比喻。因为这一品类所说的，大士切要的作用，就像人的身有个心。人的心，能总万事，能生胜果，又为法身大士之依怙，所以叫作“心地”。其次解释“品”字。这个品字，在印度话叫作“跋渠”，翻译中国话叫作品。品、类也，就是义类相从。这一品所说都是心地法门，所以集为一品。

《梵网经》有一百一十二卷，计有六十二品。唐朝真谛三藏法师，曾到印度取经。回程时，他把全套《梵网经》放在船上，但这船一直往下沉。他看这情况不好，就把东西往船外拿；把别的东西都拿走了，船还是往下沉。最后，唯有把《梵网经》取出，船才浮起来，不再下沉。他想:“哎呀！这可能是震旦汉土没有福气，这部经不该往那儿去，所以《梵网经》一拿出来，船就不沉了。”因此,《梵网经》全本一直没有传到东夏。今传之本是第十《菩萨心地品》上、下两卷，乃鸠摩罗什法师日诵之常课，由门人记录，把它翻译过来的。上卷说明三十心、十地，为趣入佛果的根源。三十心就是三贤:（一）十住,（二）十行,（三）十回向。十圣又名十地:（一）欢喜地,（二）离垢地,（三）发光地,（四）焰慧地,（五）难胜地,（六）现前地,（七）远行地,（八）不动地,（九）善慧地,（十）法云地。

上卷“明性”为趣入佛果之根源，这是本性的一面；下卷阐明十重四十八轻戒为行菩萨道的根本，这是修的一方面。性修因果，义理皆周。譬如“饮一滴而知大海，烧一丸而具众香。”大海，我们喝一滴，就知道它是咸的。各种香研成的香丸，烧它一丸，就知道里头有多少种香。这也就是说，能够知道《梵网经》十重、四十八轻的道理，也就可以知道一百一十二卷，都是一种成佛之法。因此，修行贵精不贵多；所贵重的是精进修持，才能达到目的，不必在多。多，你不修也是不行；少，你要是能够勤修，也就能做到。

从前有一位法进法师，他一听说菩萨戒是成佛的戒，就很想受戒，所谓“众生受佛戒，即入诸佛位。”于是，他就到昙无谶法师那儿求受菩萨戒。昙无谶法师不给他受，说:“受这个戒，一定能够成佛；你们汉土没有这样根性的人。”无论法进法师怎么要求，他不给受。

之后，这位法进大师就自誓受戒。在佛前，就像人打七似地，要求佛自誓。他这一自誓，七日之中一心不乱，后来就入定了。在定中，感应弥勒菩萨来授他戒，也告诉他十重四十八轻戒的戒相。出定后，昙无谶法师一见他的相貌不是早先那样，问:“你怎么了？”他就说他在定中受戒的情形。此后，昙无谶法师就不敢轻慢了，说:“汉土也有大乘善根的人。”

戒律，其功用在止恶防非。防非，是防三业之非；止恶，是止三业之恶。恶，世人称之为“鬼”，在佛教里又叫“魔”。譬如，好抽鸦片的，叫“鸦片鬼”，好赌钱的，叫“赌鬼”；沾住这一个鬼字，他是鬼当了家，自己做不了主了。

怎么知道他是有鬼呢？在中国东北，有一种教叫作“理教”。凡是信这个教之后，都不准抽烟，不准喝酒。可是，有个人他抽鸦片，这怎么依教奉行呢？有人教说:“我告诉你一个办法。”他问:“什么办法呢？”答:“因为鸦片瘾来的时候，它都有固定的时间；你在手上掐着佛教的降魔杵印，口里念‘唵嘛呢叭弥吽’就可以降伏烟瘾。”

到了节骨眼，八点钟的时候，大概该来烟瘾了，他掐上手印，口里念“唵嘛呢叭弥吽”，这烟瘾就没来。烟瘾没来，可是，旁边不会抽大烟的那个人，他却来瘾了；眼睛流泪、鼻子流涕，又打哈欠，周身骨头也发酸难过。不会抽大烟的人，他怎么来了瘾，反而会抽烟的那个人，他的瘾就没有了呢？因为那个鬼附在他的身体上了。所以，人要是有一个鬼，自己就不能做主了，这叫他胜处；佛教的戒律也是这样，如果戒律持不住了，就叫他胜处。但是在佛教里头不叫鬼，叫魔。例如，人好贪，叫贪魔；好瞋，叫瞋魔；好痴，叫痴魔；好懒惰，叫懈怠魔；好打妄想，叫散乱魔。有一个魔在，所以这个人就不能做主，而是魔做主了。

说起魔做主，有这么一个故事。中国东北有一位普照老和尚，他是黑龙江省人（东三省有：黑龙江、辽宁、吉林，这三省以黑龙江省最富）。黑龙江省，地广人稀，所以那地方的财主至少都有几方子地（一方子等于四百亩）。在我们那儿，如果有一百多亩地，就算是财主了；黑龙江不是那样，都得上千亩，才算是财主。这位普照老和尚没出家以前，姓王，他的哥哥是商务会的会长，家里是富有家庭，有尊有贵；这呼奴使婢的，把他养成骄傲十足的人。之后，出家了，他的骄傲之气仍然存在，改不了；一生气，脾气就很大。过后，他想：“出家人这样做不对啊！”但是怎么也改不了。

后来，他雇一位十五六岁的茶房。他和茶房说：“我要是发脾气，你就打我一顿。”茶房回答：“那哪能那样呢？你是主人，我是工人。”老和尚说：“你打我，并不白打；每打一次，给你两块钱。”

在那时候，两块钱就等于现在的二十多块美金。这茶房一听有两块钱，他就答应了。之后，普照老和尚一发脾气，他就打老和尚一顿。打一顿，老和尚马上就给他两块钱，一点儿也不赊欠他的账。打了一百多次，茶房赚了二百多块钱，但是这个病还没治好。

最后这一次，老和尚告诉他：“上街去买一个装火水的铁桶，但是要买干净的，如果没有干净的，就买一桶火水[1]，把那桶火水倒掉，你就把桶拿来，我们花一桶火水的钱。”

可是，黑龙江是出产大豆的地方，这桶尽装豆油。小茶房走了好几趟街，才买着一个里边有豆油，外边很干净的桶。别的桶都装好几次，里外都是油；唯独这个桶只装了一次，看起来很干净。他用两角钱就把它买来了。在他临走时，老和尚告诉他说：“你要快回来，要买干净的，我等着急用。”但是他走了好几趟街，耽误了时间。

老和尚在家里等着急用，这时候瞋火就发很大。小茶房一回来，刚一进院里，他抓住小茶房就打起来，说：“你这个东西！我叫你快回来，你到现在才回来！叫你买个干净的，你还买这么一个脏的！”

因为老和尚曾经告诉茶房，当他发脾气时，他要打老和尚。这回，茶房手拿这个桶当武器，对他脑袋上乒乓的一阵乱打，叮

1 火水即煤油。

当乱响，这一下子，怎样呢？把普照老和尚的瞋恨魔打跑了。

因为从前他打，都是怎样呢？都是普照老和尚发完了脾气，瞋恨魔已经走了，他才打；尽打普照老和尚了。这回正当其冲，正是瞋恨魔发威的时候，这一打，一下子就把瞋恨魔给打跑了。

当这魔一被打跑，把这病患一祛，就像他另有一个境界。老和尚就向茶房合起掌，说："老丈从今以后不劳再打了。这一下子把瞋恨魔打跑，它不敢再来了。"从此以后，普照老和尚不但没有瞋，而且还善于度化有瞋的人；不但没有我慢，还善于度化贡高我慢的人。这是因为自己没有瞋，才能够化人，教人家没有瞋；自己没有我慢，才能使人不起我慢。自己要是有这种毛病，要教人家没有这个毛病，这事儿是很难做到的。因为他没有瞋，就度化了很多的人，显出他的仁慈。好比说，年轻的小和尚向他顶礼，他就五体投地，磕一个大头还礼；年轻的小和尚早站起来了，他还伏在地上没起来。无论什么人给他顶礼，他都这么样还礼。

中国东北有一位比丘尼，她没出家以前是个督军太太，尽认识一些督军。出家以后，这些督军太太，她还是认识。由沈阳到北京，搭火车有一千五百里的路程，这位比丘尼自己坐一辆专车。她怎么有这个能力？因为她向督军太太一说，督军太太往铁路局挂个电话，说："给我们来个专车。"这就来个专车。你看这比丘尼多么神气！但是，一个人坐一辆车，这多么折福！在经过华阳山老和尚一度化，这位比丘尼不但不贡高我慢，不做折福事，还特别地俭朴，特别地怕折福，他就把她化过来了。所以，这瞋恨也是个魔，在佛教里，能够把魔降伏了，这就不是他胜处，而是自己能够有自立的性，有自己的主宰了。

（二）显体：显，就是显明。体有三义：（1）须显体、（2）正出体、（3）会异。

（1）须显体：必须要显体。体是主质之意，就是也是质也是体。乃是经名下之所诠释。

譬如先说出一个人的名字，次显示其特性，才知道他是个什么样，这就是显体的用意。种种的名字，意思就是令人寻名而得体。这意思就如“因筌而得鱼，因指而见月。”因打鱼的器皿才能得着鱼；因手指头一指，见月亮而知道东南西北。假如只是知道名，而不知道体，那就不好了。如捉蛇尾，反遭其螫。捉蛇，你要是抓蛇尾巴，那蛇一回头，就会受它螫了。所以释迦世尊常对比丘说：“我所说的法，只是一个筏。到达彼岸之后便不用背筏而行。”意思就是教人不要有法执。否则学什么法，便生什么执着；纵历八万大劫，也不会有所成就。

这部经以梵网题名，品名是《心地品》。乃至上下二卷全文，一一都是能诠之名。就这《心地品》名下，一一皆是显所诠之道理，所诠道理就是一种体。得到这种体以后，才能够全性起修（性就是性德，全凭性德而建立修行），以修合性。所以释名之下必须显体。这是第一须显体。

（2）正出体：这个体是什么就显出来了。

这部《梵网经》，是以“诸佛本源心地”为经的体。人的“心地”，根本当下就是，不用外求。这个“本源”，是指法尔性德，法尔它性德具足，所以不关修证。“诸佛”，则出障圆明，已经断了烦恼，出一切之障碍，不同在缠的这些凡夫。因为卢舍那佛和一切诸佛，所证最极清净的常住法身之体，全和众生心性之理体一样，更无少许别法可得。在诸佛分上没有增多，在众生分上没有减少，是每个众生本然具足之佛性，这个理，就叫作体。亦为一切教体，亦为一切行体。这是真正一切天魔外道所不能破，权小的罗汉二乘人所不能混滥。因为这个法门，纯粹是大乘菩萨法。这是第二正出体。

（3）会异：与其他经典有不同的地方，会这个不同的；这个异，就是不同。

这部经和《华严经》同时。《华严经》是以法界为体，那么这部经也应该以法界为体，而今以“诸佛本源心地法门”为体。“法界”与“诸佛本源心地”，实际上是同体异名；名字完全不同，而道理是一样的，更无别体。又者，一切大乘经典都是以实相为体，如《法华经》就是以实相为体，那么《梵网经》也应当以实相为体。但是，实相也是“诸佛本源心地”的异名，实相和诸佛本源心地是相同的。为什么说相同呢？因为诸佛本源心地，也是离一切相，即一切法，超诸戏论，不可破坏。就像这实相，是无相无不相，故名为实相；这个本源心地，也是这个意思，也是无相无不相。

又因为万法皆从此处流出，万法皆归还此处，故名为法界。所谓“无不从此法界流，无不还归此法界。”这个“诸佛本源心地”，在圣人方面上，它一点儿没增；在凡夫方面上，它一点儿不减少；在迷的时候，或悟的时候，它是宛然存在的，这种体性常住，所以叫作诸佛本源心地。

（三）明宗：所谓“体显于性，宗显于修。全性起修，故不二而二；全修在性，故二而不二。”因为体是显于性，宗是显于修；

它们两个，一个性，一个修。全性起修，是从体起用，也就是表示，虽然不是两个，而生两个了。全修在性，就是两用归体；是两个，而仍然还是一个；是二而不二。现在用譬喻来说明。盖房子，先要立下梁和柱，然后才能建立整栋房舍。梁柱是房间里的纲维，没有它，不能成房子。现在，把房舍比喻为体，梁柱比喻宗。因为有梁柱，方得受用屋空；要是没有梁柱，这房间怎么能成呢？所以要有梁柱，方得受用屋空。所以在“体”之后，必须阐明“宗”的道理。

此经是以“佛性因果”为宗。佛性就像虚空似的，它是非因非果，而遍能出生一切因果；一切因果，皆不离佛性。经云：“一切众生，皆有佛性。”而这个佛性，就是本经所谓的“诸佛本源心地”。以此不生不灭，诸佛本源心地的理体为本修因，来圆成果地之修证。则“因”亦是佛性，“果”亦是佛性。

（四）辨用：辨是分辨。用是力用；就功能德用，亦名功德。分辨此经之用处为何？功能为何？此经以“舍凡入圣”为用。受菩萨戒后，就能够舍离凡位而趣入圣位。故经云：“若人受佛戒，即入诸佛位”，就是这个意思。现在有人心里怀疑：“我们现在不仍然还是凡夫吗？怎么又说舍凡入圣呢？”不错，现在虽然是凡夫，但将来就不是凡夫了。所谓“佛是已成佛，我是未成佛。常作如是信，戒品已具足。”又云：“但解法师语，尽受得戒，皆名第一清净者。”意思是说，凡是能够明白法师所说的话，就有资格受戒。受戒之后，都称之为第一清净者。本来，戒律要丝毫不犯，才堪称第一清净者。但此经上说得分明，凡是受戒者，都堪称第一清净者。

（五）教相（判教）：天台智者大师，把佛所说的一切经典，分别成五时八教，按照佛陀说教之时序，明白而有次序地立出不同的教相。有一次，他做梦，梦中有一位菩萨指示，他就看到经柜里的经典乱七八糟。菩萨说："你把它整理整理。"经典，我们会看，但是不能分别；也不知道哪个是大乘，也不知道哪个是小乘。经他一分析，这才知道。（参见 5-2、5-3）

表 5-2　五时五味及太阳喻

五时	太阳喻	五味
（一）华严时	日照高山	乳
（二）阿含时	日照幽谷	酪
（三）方等时	禺食时	酥
（四）般若时	禺中时	熟酥
（五）法华涅槃时	日正当午时	醍醐

五时：第一是华严时，第二是阿含时，第三是方等时，第四是般若时，第五是法华涅槃时。这部经《梵网经》在五时之中是第一时。第一时就是华严时，日照高山；于五味中，是乳味；于化仪中，是属于顿；于化法中，是属于别圆。

（1）华严时：因为佛初成正觉时，就说这部《华严经》，所以这是第一时。但第一时说这《华严经》，是专为具最上善根的人而说的。

（2）阿含时：翻"无比法"。这是权教，或称半字教，纯粹为二乘人说的权巧方便法门。

（3）方等时：方就是四方；四教并含名为方，无机不被名为等，什么样的根性都行，这是方等时。

（4）般若时：这般若时，就像一个大火炬似的。般若是法华前阵，听过般若之后，才能接受法华；要是没有般若的慧力，就不容易接受法华的圆妙境界。

（5）法华涅槃时：法华经是“废权立实”，“会众善之小行，归广大之乘。”这时，佛陀不说三乘，唯说一乘，即是佛乘。法华又称圆教，是最圆满的教义。

五时，又可以用太阳的比喻来解释：（1）日照高山时：这是华严时。太阳初出，先照高峰。你看那太阳一出来，山顶上就先亮了。这象征先照大根性者。中国有一位宰相，名字叫甘罗，他十二岁就做宰相。甘罗是个小孩子，人长得很矮的，人家一看，说：“我们看谁先看到太阳出来，才有资格做宰相；他小个儿，他一定后看到。”别人都是往空间看太阳，嘿！结果怎么呢？甘罗看那山尖儿早就亮了，他说：“太阳出来了！”别人没看到，他就知道了；你看他小个儿，他有那个智慧。所以，日照高山就是先照大乘根性的人。

（2）日照幽谷时：幽谷就是幽暗的山谷，也就是洼坑的地方，这时候才照着，这是阿含时。幽谷，就是比喻小乘根性的二乘人。（3）禺食时：就是吃早饭的时候，也就是方等时。（4）禺中时：就是太阳照到东南角。这是般若时。（5）日正当午时：日轮当中，四方无侧影；这日正当午时，东西南北都没影子。这是法华涅槃时。

五时，也可以用“五味”的比喻来解释：（1）华严时是乳味。就像牛身上挤出来的乳。（2）阿含时是酪味。酪味，就是这乳里头掺上水了，这是纯权。为什么掺上水呢？因为小孩儿他不能吃纯乳，那乳里头脂肪太厚，小孩儿吃了会泻肚，所以掺上点儿水，再把它煮开了，这个小孩儿才能吃。这是不得已而为之，不这么样不行。说："乳里头掺了水，不就掺了假了吗？"掺了假，这就叫权，是佛陀慈悲以权巧方便摄二乘人。（3）方等时是生酥。生酥，水分就减少了。（4）般若时是熟酥。熟酥，这时水分更少了。（5）法华涅槃时是醍醐。此时把牛乳的精华完全提炼出来，成为最上妙味。

第二时酪味，这是纯权。这"权"的意思，我跟你说个权法。在中国东北，有一个做小生意的小贩，他挑着担子卖火腿、卖花生、卖瓜子，卖糖。在夏天的时候，有一种蜣螂虫，这蜣螂虫是什么虫呢？它看到马粪，就把那马粪推得溜圆，就像个桂圆似的那么圆、那么大的一个球，它推球推到它自己住的地方，就以这马粪做它的食粮。这个小贩是个近视眼，他挑着担子走的时候，这嘴就哈哈地喘气，前边的蜣螂虫，他也没看着；等到了跟前，这虫就飞起来了。这一飞，碰到他的嘴唇，当他哈哈地喘气，这嘴往里一吸的时候，就把那虫子吃进肚子里去了。

这时，他就咳一咳，吐也吐不出来，心里想："这糟糕了！把虫子吃进去了。"他就总觉得虫子在肚子里头。慢慢地，他的生意也不能做了，他就去看医生。医生问："你的病怎么来的呢？"他就说怎么怎么的。医生说："那虫子早就没有了。到肚子里，大便早就把它便出去了。"他说："没有！你看，我这肚子里还动着，这虫在肚子里头嘛！"医生一看这样，说："既然是在肚子里头，我给你动个手术，帮你把它给拿出来。"他问："你会动手术吗？"

医生说："我会啊！从前我在医学院求学的时候，每逢学解剖学，我都是一百分，我手术的技术很好；不过，因为乡间用不着，所以我好几年也没用它了。现在我的手术器皿还不全，我得进一趟城。"其实他不是进城，他是想去找那虫。

他到乡间去找虫，那虫也很难抓，一个什么它就跑了。终于扣住一只，把它装在一个小瓶里头，又用银珠把它染红了。这回，小贩来了，医生就和他说："今天我要帮你动手术，把那虫给你拿出来。但是，动手术得要在肃静的屋子里，别人不能看着；别人一看着，他哎呀一声，完了，我不敢动手了。之后这地方，几分钟就臭气的不得了。"那么就找一个备用屋子，谁也看不着的这么一个屋子。因为他怕戏法被别人看穿了，所以不叫别人看。之后，找着一个肃静的屋子，他用刀背对着他的心口划了几下子，就像动了手术，然后用针的大头那边，假装地扎几下子，表示缝上了。缝完了，帮他在上头贴上药布、黏上药膏。包扎完了之后，就告诉他说："这个伤口，你不可以看。因为病人的眼睛都有毒，病人一看，那伤口就有菌，几分钟就会要命。如果药布要是掉了，你得要找我。"医生用银珠把药棉纱布染红了，表示手术里头出了多少血，这样把这一套用完了，把那虫给小贩看，说："你看这虫都吃红了。"

他就很小心，一点儿也不敢碰。到七天了，医生就帮他把药线拆开了，说："哎呀！你看，现在的美国发明这药线多好，一点疤痕都没有，等于没动手术一样。"根本他就没动手术嘛！他就用这个办法。为什么他用这套戏法呢？他这个病，是一种心病，根本没有这个虫。医生就这么样的用这个办法，不用这套辨法，他的病就不能好；你给他吃什么人参、当归，吃什么珍药，根本不能治。他治这种人就用这个办法，这就叫权。权，是临时的方便。这个医生他会用这个办法；要是没有这样的医生，可真是他的病就治不好了。他心里的病嘛！想："这个东西老在这里咬，将来咬漏了，这地方不就透气了吗？这不就要命了吗？"所以这个医生就用这办法帮他治好了。

至于佛在世的时候，说权法，也是这样。"生死即涅槃，烦恼即菩提。人人都有佛性，人人都可以成佛。"

表 5-3　八教

八教	
化法四教	（一）藏（二）通（三）别（四）圆
化仪四教	（五）顿（六）渐（七）秘密（八）不定

除五时外，又分：藏、通、别、圆；顿、渐、秘密、不定等八教。第一华严时，说的是圆顿教。第二阿含时，说的是藏教，这藏教是最小的一种教。又称权教，是"为实施权"的方便法门。先阐因果法，由浅至深，循序化度。故又称"半字教"。什么叫半字教呢？好比这个小孩儿太蠢，送到学校去，学校老师没法教，他父亲怜悯他，就把他领回来了。把一个字，分两份教，必须先教半个字，这是半字教，学会了之后才教满字。所以这第二时，尽是说权教的时候，就像那半字法门似地。第三方等时，这就不是那样了。这里头，藏、通、别、圆，四教的意思都有。四教并含，名为方；无机不被，名为等。所以这叫方等。第四是般若时，

般若时说圆教，也兼说通、别两种理。第五是法华涅槃时，说纯圆教。

八教中又分为：化法四教及化仪四教。

（A）化法四教：是教化众生的一种方法。以味道来说，就像一种药味似的。药里头，不就是苦味、甜味，不是有这些味儿吗？这就是如同药味。要是拿比喻来说，（一）藏教就好比小学，（二）通教就好比中学，（三）别教就好比大学，（四）圆教就好比博士班。

这藏通别圆，就叫化法四教。

（B）化仪四教：是教化众生的仪式，如同药方似的。分为顿教、渐教、秘密教，不定教，这四教。

（五）顿教：就是从前没有，佛也不待观机逗教，也不看众生的根性，开始就突然而说。例如《华严经》，佛初成正觉就说这大教，这叫顿教。现在这《梵网经》，也是顿教，顿然而说的。顿教又分为“顿教部”和“顿教相”。顿教部，就像《华严经》《梵网经》，这叫顿教部。顿教相，就是顿教的一种相貌。那么这种相貌是什么呢？就像《华严经》里头，善财童子一生成佛；《法华经》里的龙女八岁成佛，这就是顿教相。

（六）渐教：也分为“渐教部”和“渐教相”。渐教部，如阿含、方等、般若等经典，这都是渐教部。渐教相，就是慢慢地，是指循步渐次修持。例如，先出家，逐步地减轻烦恼，直至证罗汉果位等等。一点儿、一点儿的，就谓之渐教。

（七）秘密教：何谓秘密？就是彼此互不相知。在一个法会里说的法，他听的跟他听的就不一样，他不知道他听的是什么，他也不知道他听的是什么，彼此互不相知，这叫秘密教。

（八）不定教：就是听者所得到的利益不同。譬如说的是大教，而他所得到的是小利益；说的是小教，而他得到的是大利益。得的利益不同，所以叫不定教。以上这叫化仪四教。

教海浩瀚，要是没有用这五时八教来判教相，对于经典，我们不能分辨深浅，也不知道哪个是深，哪个是浅，使人无所适从。

在说《法华经》之前，舍利弗要求多少次，佛都说："不可以说。你们里头还有这样的人，他们一听着就不相信了，他就生我慢。"所以，舍利弗要求四次，辞了三次，最后才说。《法华经》云："若以散乱心，入于塔庙中，一称南无佛，皆已成佛道。"不用说以清净心，就以散乱心到庙里头，念一声南无佛，将来就能成佛道。有的人来了，一听佛这么说，心里想："佛怎么这样说起来了呢？"他磕个头，磕完就走，不听了。在这法会里头，有五千个人退席走了，不听了。佛说："他们走就走吧！他们走了，这就可以自在说了。"这才开始说《法华经》。

佛一生一世所说的教，有一首偈诵，说明五时的顺序。

> 阿含十二方等八。二十二年般若谈。
> 华严最初三七日。法华涅槃共八年。

这集在一块儿，就是说法四十九年。《阿含经》叫"无比法"。说十二年。《方等经》是四教并含，名为方；无机不被，名为等。说八年。《般若经》是融通淘汰，大凡所有我法二执，完全都取消，就像一种大火炬似的，初有复空。说二十二年。佛初成道的时候，思惟应当给众生说什么法，就在那时候，三七、二十一天，说《华严经》。

到《法华经》的时候，都是授记的时候了。《法华经》云：“但闻法者，无一不成佛。”但凡闻着《法华经》的人，没有不成佛的。不但当时是那样，佛灭度后的时候，佛也给授记。能够听着《法华经》的人，都能有成佛的资格，所以“单合掌，小低头”，只用手合掌，或稍微一点头，有这一点，将来都有见佛闻法，成佛的因缘。这么一说起来，这就太方便了，所以也就不谈戒律。有的人，他就不怎么虔诚了，说：“反正单合掌起来，统统将来都能够成佛嘛！那还要好好恭敬做什么呢？也用不着这个了！”这么样呢，就把人家害了，所以以后就再说《涅槃经》。

《涅槃经》叫“扶律谈常教”。“扶律谈常”：说戒律是不能废弃的，叫扶律；谈常，谈真常的道理。扶律谈常，把戒律又提倡起来了。又叫“捃拾教”，怎么叫作捃拾教呢？《法华经》是大收。就像种田似地，到《法华经》时都成熟了，把它完全都收割；可是，还有少许不成熟的，就把它留着，等将来它成熟的时候再割。这捃拾教，就是《法华经》那时候没度着的人，到《涅槃经》这个时候就受度了，所以它又叫捃拾教；就是收田地里剩下的零零碎碎，所以叫作捃拾教。

《华严经》三七日说得这么多，上本《华严经》，有十三千大千世界微尘数偈，一四天下微尘数品。十三千就是一万三了，一万三这么多的大千世界。大千世界的微尘数有多少，谁数过来了？单就我们抓这一把土的数，谁能数得来呢？《华严经》上本，就有十三千大千世界微尘数的偈颂。一四天下，就是四天下。四天下，就像我们这个世界，全世界这个样的，有一四天下微尘数品，这是上本。中本，有四十九万八千八百偈，一千二百品。

龙树菩萨聪明有智，过目成诵，看到就能记住。因为他把世间书都读尽了，他看世间书不够他读，就贡高我慢起来了，所以龙王才把他接到龙宫去看。龙树菩萨进龙宫后，以他那样的聪明、那样的眼力、那么样快，三个月，七佛的目录还没看完，你看！这书该有多么多呀！他这才不敢起我慢了，才知道世间书是无穷无尽的。龙树菩萨看上本《华严经》、中本《华严经》，都不是阎浮提人的脑力所能记得来的，因此他就把下本的《华严经》诵下来了。诵下来，就有十万偈，四十八品。四十八品，中国所翻译过来的，有三十九品，还有九品没翻译过来，所以传过来的就是这三十九品。

你看，我们中国的净土宗，能够念佛的、往生的、成就的该有多少？至于中国的禅宗，能够大彻大悟的该有多少？唐宋以来，在福建有个雪峰寺，开悟的就有一千五百多个人。现在江西，有四十八个丛林，每一个丛林都有一千多人。一千多人中，开悟的，都有几百人，禅宗那么样兴盛。净土宗到现在，能够自知时日往生的还是很多。

最近，离我家乡大约七十里的地方，有个村子叫郭大发屯。郭大发屯，有一个姓王的姑娘，她十六岁订婚，十七岁皈依三宝。皈依三宝以后，她就念起佛来了，女人的装饰品，她完全都拿掉。北方女人的装饰，手上都戴银手镯，耳朵上都戴着金钱子，头发上都在后边儿扎个红头发绳，这是一个女人的庄严。但是她自从皈依三宝之后，把这一套俗气完全都拿掉了，她就像个男子样。

她十六岁订婚，十七岁皈依三宝，十八岁，未婚夫的母亲就来通知了，说："我们已经看中某月某日，就要娶媳妇了。"她母亲就要求退婚，说："我们这孩子，现在没有心情结婚了，她要修行。"她说："修行？修行能成了吗？我们等你三年，看你成不成？不成，那自有事在。"就这样，她就走了，等她三年。可是怎样？没到三年，二年半就成了。成到什么程度呢？自己把男女的分别相都忘了。有一次，家里来个和尚，她上去拉和尚的手，说："大哥！念佛偈的头儿是怎么起的，我给忘了。"她就这样，连称呼师父、师兄，她都不知道，她叫大哥。别人说："你看！这个姑娘，她怎么有点疯了。她怎么这样呢？"其实她那就是忘了男女的分别了。

到二年半的时候，有一天，春天正种田的时候，她和她父亲说："爸爸！您找几个人来送送我。"她爸爸说："嘿！你好大的口气！找几个人来送！你上哪儿去？"她说："我上西方。""上西方？你怎么知道呢？"她说："我知道。""你怎么知道呢？""你不用问我怎么知道，我知道。"以后，她又再三地哀求父亲，她父亲就说："好！就照你这么办。如果你今天真能够生西方，我们全家都吃斋念佛；要是不能生西方，你以后也不用这样的迷信佛了。"她说："好，就这么样办吧！"就这样，出家人是没有啦，就请几个男女居士念佛。念了一天，她还没往生。人家说："你还没往生？我们给你念一天了。"她说："还没有到时候呢！"说："什么时候呢？"说："半夜子时。"

大家又帮她念，念到半夜子时（那时旧时代没有表，也没有钟。没有表就看星星。）一看星星，说："哎呀！到子时了，你怎么还没有走呢？”说：“没到呢！要是到子时的时候，隔壁那家的驴就该叫了。”一看，隔壁那家是穷人家，没有驴。跑前一看，来了一头驴。你说她在房间里待了一天，她怎么知道哪有驴呢？临终前，就像开通了似的，感觉到子时了，这时候，她把洗干净的衣服换上，梳梳头，洗洗脸，屋地之间摆一个凳子，凳子上放个褥子，然后坐下。旧时代都是缠足的人，她坐下就望着西边合掌，大家像上殿绕佛似地围着她念佛，就在这合掌念佛声中，她往生了。她这一往生，村里有二十多个姑娘就出家了。你看！她也没说法，也没讲经，她能度20多人出家，这不就是现身说法！

净土宗法门，这叫他力。他力，是阿弥陀佛的力量。自力与他力，拿个比方说，自力，就像以我们自己的游泳力想要过海；自己游泳过海，这得多大的力量呢？他力，是我们坐船，乘着阿弥陀佛的愿力。

在中国却有无以数计的佛教徒，单持净土念佛法门而往生西方。修禅宗明心见性的法门，是靠自力；念佛法门是靠他力。往究竟来说，自力他力是无二无别。但看哪一个法门与你相应，便修持哪一个法门。要是往生西方，生到佛世界，完全就证得三不退:（一）位不退,（二）行不退,（三）念不退。

（一）位不退：即是证到罗汉果位。在我们这个世界，自己修行，能证到第一个位不退。按照教理来说，证位不退，“最利者三生，最钝者六十劫。”最利根者，一生也办不到，都得三生；最钝根的人，就得六十劫才能证得。在这六十劫之间，其中忽进忽退，忽升忽降，要是退转成凡夫，这岂不是很危险吗？但是生在佛世界，一生到那儿，三不退就具足了。证到位不退，就是证得阿罗汉果位了，已经超出三界，再不退回到凡夫位。但是虽然证到阿罗汉了，然而他在行菩萨道；行菩萨道，要是一遇着逆境就生退心，这叫行退了。

（二）行不退：就是行菩萨道不退了。

（三）念不退：这就是心里头，一念的妄念也没有了，完全是清净的。

能够见着阿弥陀佛，生极乐世界的人，完全都证得三不退。在《阿弥陀经》不是说，到哪儿都能证阿障跋致吗？阿障跋致，就是一种不退的意思。以上，这是名、体、宗、用、教，这五重玄义的意思都说过了。

盖忠法师：学佛做人

2017 年 6 月 3 日，盖忠法师在慈恩寺会议室，与网友见面，慈悲开示。

佛陀是怎么做的？

佛陀为了彻底觉悟，离开皇宫，到处参访善知识，经过六年苦修，也没有成就，佛到河里洗个澡，出来时，一个女孩供养佛乳糜，释迦牟尼五个比丘弟子之一憍陈如说："你怎么还接受别人供养、你不是说苦修吗？"他们就离开佛了，后来佛陀成道后，为他们开示八正道法，初转法轮，他们又回来做佛的弟子。这里说的五比丘之一的憍陈如的前身就是《金刚经》里割截佛身体的歌礼王。

我们学佛，要敬仰佛陀洪恩，他是一个王子，降生人间，修道成圣人注视着世间，把佛法流传至今，到现在 2561 年了。

我们学佛，学啥？学佛最简单的是：皈依佛法僧三宝。

这三个方面就是学佛的代表：

皈依佛，皈依觉，讲的是我们作为一个人要自觉觉他。

皈依法，正而不邪，我们不要来那些歪门邪道，像跳大神、看手相、算命，这些人是不了业的法门、外道法，他永远修不出真正的佛道。释迦牟尼佛刚出家的时候，朝拜了 96 个师父，都是属于外道法，不了业的东西，了不了生死。

皈依僧，亲近福田僧人。

释迦牟尼用佛法僧三宝注视着人间，这三宝缺一不可。

你光皈依佛，皈依法，不皈依僧，三宝就缺了一样，在法相上你只学了佛法的一些道理，却没有人来正确引领，你走错路了谁告诉你呀？

我们每个学佛的人到寺院里学佛，就像一个学生上学要有学籍似的，我们上学要注册、入校。同样，我们学佛要皈依，要注册，你要是没皈依，就像一个编外的、永远入不了籍的学生，像借读似的。

我们每个人皈依佛门，学习佛法，就是要学会做人的道理，人没做好，我们学佛有什么意义？

我们学佛了，要将佛法运用到生活中。有家了，就要有责任感，结婚那天开始，有了孩子啦，男的要当父亲啦，要有责任感，担当起一个家庭，男同胞就要像一棵大树似的，女孩子嫁过来就像乘凉，找到一个支撑点，有什么事情自己做不了主和丈夫一起商量；女孩子结完婚，当母亲了，小的时候不听话受了责备，怨恨自己的妈妈，现在自己当妈妈了，体贴当妈妈是多么不容易的事，一家一个孩子，为了一个孩子就够你们操心的啦，但更要教育好孩子。

以前一家七八个孩子，那咋过来的？哥哥带着弟弟，弟弟带着妹妹，都是一个带一个，我们是那么成长的。像我们家兄弟姐妹6个，我是最小的，用你们东北话说，是老嘎哒，用我们四川话讲是老儿子。“皇帝爱长子，老百姓爱老嘎哒”，但我们老嘎哒也不是娇生惯养长大的，从小我妈妈就教育我走正路。我5岁半上小学了，我入学早。我们那时候一个院子住几十户人家，有和我同龄的，有比我晚两年生的，有比我早两年生的。晚一年的，大人一上班，小孩子就过家家，就把菜园子给罢园啦，茄子刚长这么高一点，刚开完花，小孩子他也不知道，天真无邪搞破坏。后来那些家长就跟我妈妈说你儿子太淘气了，比我小两岁、比我小三岁的小孩子都听我话，我就指挥他们搞破坏，我妈妈就教育我。

小孩子先天是父母给的，后天是父母教育开发出来的。

我5岁半上学，10岁半小学毕业，那个时候是5年制小学。我1970年出生，我妈妈从小就教导我做个好人。父母是孩子的好老师，老师是优秀的，学生就是优秀的；老师不好，学生就是学不好、不优秀。学佛先学做人，这个很重要。

我们学佛，皈依佛，自己都是有家庭的，就要负起责任。当妈妈的处处为别人着想，要有无私奉献的精神，在任何事上都要是无私的，别自私自利，学佛不要较真儿。

学佛别学偏了。佛法教导我们要学会善巧，将佛法方便灵活地运用在家庭生活中，让家人幸福，把你的快乐分享给你的家庭。别那么死心眼儿，要活学活用。对待爱人要笑脸相迎，温言以对。例如，我先下班了，我先去买点菜，我来做饭。谁先下班谁先买点菜，不要计较。

无论男女，要先学会做饭。在我们老家四川重庆，男孩子 90% 以上会做饭。男孩子和女孩子都是平等的，从小我们就会做饭，老妈教育："儿子你要学会做饭，你以后要娶媳妇的，你不会做饭媳妇看不起你。媳妇儿会说：你啥也不会做，我嫁给你我都冤得慌！我嫁给你干啥啊？！"这是从小我妈妈讲的话！

你说我说得对不对？男孩子要啥都会做，要自强自立。我 1988 年当兵没当成，我爸爸、妈妈、哥哥、姐姐都不让我去，他们说离家远谁管你啊？

我和我妈妈说："你从小教育我怎样做人，那我想当兵是我的一个选择。有人喜欢钱，但是别人赚多少钱和我没关系，男儿当自强。我哥赚的钱我不会要一分钱花，从小你教育我要用自己的智慧和头脑、自己辛勤的一双手，脚踏实地走点正路！这是你从小教给我的做人道理，不用你操我的心啦。你把我养到 18 岁，长大成人了，今后儿子不会给妈妈带来麻烦，你都教会我做人的本事了，我还何必让你牵挂着我？"

这是我自己的一点经历。

学佛不是玩儿来了，是来修正自己的思想，要比别人觉悟高，走到哪里都要有无私奉献的精神，这是我们学佛的出发点。

学佛是想成佛，成佛是漫长的过程，不是今天修了明天就成了。你既然想做一个好人，就要修百般的忍辱，就要像大地一样。大地母亲遇见什么事的时候要去消化它，什么大事到她那都能承受，消化，这才是你成佛的一个因。遇到什么事别人说两句挖苦你的话你就不行了，你就和他大吵一顿，最后别人说你还学佛呢，学佛脾气这么不好，就这样你说我们学佛还有啥意义？！起码他看见你的时候，人家一问，说看人家学佛的人，他觉得你从说话、从自己的语言，每一句话心口合一，脚踏实地，走到哪个地方也是表里如一。我们心口合一才是个学佛的人。就像前几年我们照元大和尚（慈恩寺退居方丈）说我的话，你就不能多长一个心眼儿？我说我就一个心眼儿，长多了也不行，阿弥陀佛不要我。老和尚说的意思是那些年我们刚来到寺院里，做事不圆融不善巧，他说你就不能玩转点啊，我那时候说话单刀直入，说出去也不管别人感受是什么！后来从 1999 年开始我修了忍辱之后，遇见啥事会说圆融话啦，不咬尖不去钻牛犄角，遇见啥事都心平气和去处理。

没出家时觉得庙里多么神奇呀！觉得出家人像圣人似的，穿着这身衣服。那时候小啊，天真，也没见过大世面，也没到社会上走一番。

部队以服从命令为天职，寺院里就不一样了，寺院里依教奉行，以佛为师，以戒律为师，要自己去约束自己。刚开始自己约束不了自己，刚出家时人家说你都出家了咋不改改脾气呢？我心里想，我出一天家也比你出 50 年家强，后来一想想那是错误的，因为我们学佛每个人的觉悟不一样，他的善根、与佛的因缘也不一样。所以说我们能够看见别人好的一面，用佛教的话说，别人是你的一面镜子，去消化它，同时也提醒你不要去犯他同样的错误。

脾气是慢慢化解的。要想当一个好人，像我们出家人一样，要做一个好人，要成就自己，就要改改自己的脾气。我们带着业障降生到人间，是受果报来了。世间很苦，不是说的那么好。你们觉得苦不苦呢？你们女孩子觉得苦不苦啊？我们男孩子走遍天下无敌啊，不怕别人害你啊。女孩子长得漂亮，男孩子都惦记这个女同胞，所以说我们男孩子还好过一点。

我们皈依佛了，要修正自己的思想，把家庭和谐了。家庭和谐，就是佛学好了；家庭不和谐，学佛就艰难了。你要处处给别人宽心，在家庭里多做点，多奉献点，遇见什么事儿，笑一笑，敢于承认自己错误的人是好人，是佛的弟子。每个人都有脾气，就要改正的。你结婚了你丈夫问你，既然学佛了，脾气这么不好，还能过吗？不过离。

现代人和70年代、80年代人还不一样，80年代的孩子和我们又不一样。正常的生孩子都是自然地去生嘛，现在大夫为了骗取钱财，一刀下去（剖腹）孩子的亲情就断了一大截子呢，现在小孩为什么有多动症啊？挨了一刀后就断掉了，感觉就不一样。自然生的是有时辰的，人降生的福报也不一样。人不管啥事儿就要顺其自然，强扭的瓜是不甜的，好景不长。

人活着为了自己的生命，遇见事情要坚强，有病也好，有烦恼也好，要坚强，是为了自己活着，不是为别人，为自己而活着，有父母的为父母而活着，有孩子要为孩子而活着，奋斗。遇到困难坎坷要消化它，遇到烦恼了要开解。否则哪个师父跟你说话气冲冲的，他今天说你几句，明天你就要跳楼自杀了。

佛法是互相学习的，活学活用，要把佛法运用到生活中来，把自己的快乐分享给身边的人、让每个人都得到快乐！

学员：我们好多人学佛是通过看书，上网，看视频的方式，没有师父指导，请问学佛应该怎么做？

师父：你们可以看看经书，有一个长期计划，有一个坚定的信念。学佛是马拉松，不是打盹儿，学佛的过程是漫长的，慢慢地把你这个心捋顺，降服你那个不老实的心，包括我们出家师父也是一样。有机会可以看看大乘经典，诵诵《妙法莲华经》《大方广佛华严经》或者《楞严经》这三部经，经常看一看，看一次就有看一次的功德、看一次的领悟，发心多读经，要广学多闻，不懂的地方跟师父聊聊天，请教一下，有什么问题在家里写好。（笑）

学员：有妄想，放不下心怎么办？

师父：谁没有妄想？凡夫都有妄想。我们凡夫就是这样，一会儿这个一会儿那个，都能放下你就自在了。想清净心快一点运用到生活中，少管点闲事，你就一个念头，多诵诵经。在家里，不要因为你信佛了，就用你的标准去衡量你的丈夫，你一衡量他就烦了。你要想办法圆融他，成就他。他要吃点喝点，你给他做，你（坚持）一个原则，不杀生，就可以。我们学佛就是行菩萨道。

学员：我脾气上来，想着不发火不发火，还是扳不住，怎么办？自己控制不住脾气，每次就像发疯了一样。孩子有时问：妈妈你是不是又发疯了？

师父：有孩子，说话要给孩子留点口德，实在扳不住把自己的牙掰掉两颗（笑）。在家里也要把气氛变得活跃，你像一个调御师，学佛就是让你活跃点儿，要善于调节这个家庭，运用得好，烦恼就少。你生气气出病来谁替你，你儿子也代替不了，老公也替不了。用佛教的话说：莫生气，莫生气，气出病来没人替，你气我不气。记住这句话，能忍一时气，可免百日的忧愁。一百天内把孩子答对好，把家庭照顾好，能吃好饭能睡好觉。如果孩子成天看到你在吵架，孩子也会跟你一样怨恨，以后也不会优秀。记住这句话，孩子向你学习，你当妈妈的不优秀，孩子也不会学优秀。自己要优秀，把好东西传给孩子。先天是父母给的，后天需要疏导，要把正能量的东西传给他。如果两个人成天吵架，小孩子跟你学的就是吵架，将来他的脾气比你还古怪，他能制你。孩子已经懂事了，有时他的某一句话也敲醒你。

所以，我们学佛是要改变自己，改变命运。今天你来了，今天是你学佛的一个起点。学佛不是来玩儿来了，学佛是比世俗人更有觉悟，遇见啥事儿自己能修忍辱，降服自己的心。三口之家如果孩子教育不好，家庭一定很惨败啊！

学员：在家里脾气不好，有什么方法？

师父：方法就是活学活用。当遇见啥事儿你转移一下话题，感觉要吵架你避开十分钟，避开那个锋芒，少说一句话。能忍一时气，可免百日忧。当一句话两人觉得不对路，我就离开五分钟。你先退一步啊，我们学佛了，不要跟你老公吵，退开五分钟，念念阿弥陀佛。等你气消了，带着笑容，你体会一下你生气那种感觉。当你一生气血液往上跑，两人就吵架，有愚痴的行为，一个是打架，一个是破口骂人，你去体会。当你的无名烦恼嗔恨起来的时候，你身体的血液往上走，你的五脏六腑都变颜色了，你的病就从这来的。你现在年轻，有抵抗能力，体会不到，等到四五十岁病都来了，魔鬼就找上来了。学佛你要认真体会。

学员：是不是所有事情没有绝对的对和错？我现在每天和家长、学生打交道，我明知道有些家长就是错的，但是他就跟你玩儿擦边球，没有办法，我所能做的事儿就是忍下来。

师父：当老师就要修得忍辱嘛，教育学生不是件容易的事情，当老师也是不好当的。就像我们出家师父，别人说啥你都要笑脸相迎，要斗智斗勇、修得忍辱、说话还要善巧。同样当老师的面对家长和学生，也要做到这样才行。无论怎样要做到笑脸相迎。

学员：有时候我觉得我说的话都是违心的，就像我们学校有个才艺比赛，需要微信投票。跟家长说不要刷票，就正常投票，然后给孩子发些小礼物就可以了。这些家长非得找人工大群刷票，这样做对我们后面的学生都造成不公平了。我提醒这些家长，家长都不以为然，说我就是认识人多，他们愿意给我投票啊！其他孩子的家长都指出他们这样做不对，但是他们根本不在乎，我也没办法。现在我都在想以后所有类似活动都不做了，但是孩子们学习成长离不开这样的平台。因为这些事我脾气最近无比烦躁，自己生闷气睡不着觉，觉得自己世界观、人生观都不对了，什么是对什么是错？别人做错了我是否应该指出来？指出来后我又怎么样平衡这件事情？

师父：先平衡你自己，你先战胜自己。家长那样做是给孩子一份虚荣，自己害自己的孩子。当老师的记住一句话，不要出卖自己的灵魂。先把自己的命脉把好，看看自己心跳多少下了（笑），你做到心平气和，你周围的人慢慢就体会到了；你做不到心平气和，自己就会先崩溃的。现在的孩子多娇生惯养，身上有很多坏的习气，尤其有些爷爷奶奶姥姥姥爷带大的孩子。我见过有的当爷爷奶奶的就像孙子的奴隶，把孩子宠得不像样子，孩子跟爷爷奶奶学了一些坏的习气、毛病，这是我自己的看法。

现在的孩子不懂得吃苦，我讲一讲我小时候的事情。我那时候捡哥哥的衣服、鞋子穿，因为嫌弃哥哥脚太臭，冬天我也光着脚，重庆的冬天也就四五度，我自得其乐，不觉得苦，一样也长大了，我觉得这是童年的一种乐趣。70 年代生活条件不好，我叔叔婶婶在轮船公司上班，拿着大轮胎的材料给我缝了个书包，给我乐得，每天背着那个书包别提多幸福了！所以我也特别感恩我婶婶的恩情，每次回重庆我都会去看望婶婶，滴水之恩当涌泉相报。

我从小光脚长大，吃了很多的苦，但从不觉得苦。也只有吃得苦中苦，才知道甜中甜，才知道珍惜所拥有的。

人身难得今已得，佛法难闻今已闻，此身不向今生度，更待何生度此身？我们降生到人间就是来受苦了，你今生不修，来世就更苦了，而且来世不一定得人身，所以要珍惜自己的生命。

学员：我现在要经营我的家庭，又要经营我的事业，如何来学佛？我想好好地修行。

师父：善巧嘛，一边要经营事业，一边要家庭过得和谐，你要将佛法运用得灵活一点！要靠你的智慧，这样，经营也经营好了，家庭也过得幸福了，灵活一点去用嘛……

学员：可是我感觉很累，精力不够用。

师父：精力不够用，你变成双身，显点儿神通！（大笑）要做一个快乐的人，简单一点儿嘛，我们学佛不要把佛教经典搞得那么紧张。学佛就是调整好自己的心态，一天无时无刻不在禅定当中，行是修行，坐是修行，穿衣、吃饭也是修行，定住你的心就是在修行，无处不是修行，无处不是道场。比如我去做饭，我为了这顿饭好吃，我就必须心生欢喜地去做；要是带着怨气去做，这顿饭都是憎恨和无名，这顿饭也不好吃。修行就是这样，无处不是修行，你做每一件事儿把它做圆融一点。自己看自己先要顺眼，看自己都不顺眼，就不要让别人瞅。做每一件事儿都要用心去做，只要做到了，什么事儿都是好的，带着无私的心去做；自私自利的话，什么也做不好。不但做不好，还会成为反面教材。

学员：我感觉自己学佛有点儿心急怎么办？

师父：我刚才已经说过，学佛不能心急，学佛是漫长的，是马拉松，要持之以恒，学佛具有长久性和持续性，像打仗一样的，战备工作一定做好。出家人有一句话：站如松，坐如钟，行如风，卧如弓。修行要不紧不慢得成功。我们出家人走到哪儿，人多了，我们要禅坐，鞋这样一摆，像在禅堂里一样，坐在这儿聊聊天，也是一种修禅。我们所谓的坐禅就是调整好自己的心态，要将这种坐禅的心境运用到生活当中。你们一边干活，一边工作，都可以在心里念念咒、诵诵佛号，调整好自己的心态，不去较真儿，降服我们这颗心，遇见啥事儿都不要着急。就像心急吃热馒头，会烫满嘴大泡，会带来无限的麻烦。修行就要不紧不慢，一边放松心态，一边精进。

只要他们是善良的，只要他们有爱心和孝心，哪怕他们是个我们所认为的小混混都无所谓。不管别人怎么想，怎么做，都不要看不起他们，应该以同样的方式把他们当作朋友看待。

看一个人，不要因为他没有本事就看不起他。更不要因为他很有本事就看得起他。你要告诉自己：不能去小看任何一个人。不管他现在混得怎么样，现在混得不好，不代表将来就不好，现在就算是混得很不错的，也不一定将来他就比现在好。所以一切人在我们眼中都是一样的。

就算有钱，走在大街上时，也请尊重那些清洁工们。因为城市的清洁是他们给的！虽然你很富有，但是也不要看不起他们。因为，也许他们的物质生活远远比不上你，但是那并不代表他们的精神生活就不如你。不要看不起任何人，别人的某方面不如你不代表都不如你，也许有一天，他们的生活也会和你一样强。

一个人的物质生活可以是辛苦的，但是只要他在精神上是富有的，就够了。因为你不知道，也许无意中你和他们说的那么一句话，可能就会影响到他们的一生。

有些人在外人看来不是好人，不是他不好，而是他的好只是针对小部分人，只是很抱歉，你不是那小部分人而已，所以你没发现而已。所以不要看不起任何人，试着去尊重他们，也许你会有意想不到的发现。

就算你很有钱，就算你再有本事，你也不要看不起任何一个人，毕竟在这个世界上，比你强的大有人在。不要为你现在取得的一点点成果而沾沾自喜，因为社会永远都是前进的！

现在看起来很富有的人们，不见得将来还会富有。现在看起来很穷的人们，不一定他们永远都是穷的。世界在变，我们也在变，但是不管这个世界怎么改变，希望不要轻易去看不起任何一个人。

每个人的身上都有值得你去学习的地方，哪怕他们连书都没读过。不要以为你现在是什么研究生，或者是什么博士，或是什么高官你就可以以为你什么都知道了。一个真正成功的人，绝不会看不起任何人。成功的人都没有看不起别人，何况我们只是普通人。所以永远不要看不起任何人。

看看你脚下干净的路，你要想到这都是环保工人的功劳。感受你住着的房，你要想到这都是建筑工人的功劳。再品品你桌上的饭菜，你要想到这都是那些在田间劳作的农民的功劳。也许他们会比你们低一档次，可是也不能瞧不起他们，他们都是对社会最有贡献的人。今天的你们无论多有钱，但是你们的钱变不了物质，它是需要交易的，而你们认为那些举手之劳可以得到的物质，却是需要你们眼中那些常常会“瞧不起的人们”耕耘出来的。

你永远没有理由和权力去看不起你身边的每一个人，因为每一个人都有他在社会上的价值。每一个人都有属于他们的自尊，今天的你也许是董事长，但如果没有比你低层的人帮你打工，你这个董事长又怎么能坐得稳稳的？今天的你也许特有权威，可是如果大家都不服从你，你又怎么拿着高高的权威去抬高自己？在这个世界上总会有一些人活得最开心，而他们却多数只是那些谦虚和善良的人们。

想得到别人的尊重，想让别人看得起你，首先你要先尊重别人，看得起别人。并不是每一个人生下来就是富豪之子，就是权势贵族，地球这么大，总是会有一些人是要做平民与穷人的。所以不要去看不起别人。

不管在什么时候，什么地方，都请你记得：不要试图去看不起任何一个人（只要他们不是大奸大恶道德沦丧的人），让世界充满一点爱的味道。贫富差距不是一朝一夕能消除的，所以我们都要怀着一颗感恩的心去面对生活，面对所有人，只有这样我们的生活才会越变越美好。

附：沈阳慈恩寺大事记

1628 年（后金天聪二年） 慈恩寺创建。选定慈恩寺的寺址，“前有秀峰可观，左有清泉林流，右有通衢坦平，其中风景奇特”，被认为是风水宝地，在此建立佛教寺院，并命名为“慈恩寺”。但数年后寺庙建筑就已经颓坏。

1644 年（清顺治元年） 信众捐资重修慈恩寺，有正殿 5 间，两廊 10 间，山门、韦驮殿等建筑，慈恩寺面貌焕然一新。

1645 年（清顺治二年） 慈恩寺住持僧人慧清立沈阳慈恩寺碑，纪念重修慈恩寺。

1648 年（清顺治五年） 春末夏初，四月二十八日，从京都押来南方和尚，法名函可，字祖心，号剩人。流放盛京，后迁千山，“奉旨焚修”，敕住慈恩寺。此后函可在慈恩寺“七坐道场”，讲经说法，弘传曹洞宗，阐释禅宗之意，轰动奉天城。同时组织“冰天诗社”，文人雅士常在一起吟诗作赋。这是沈阳最早的一个文学社团。

1660 年（清顺治十七年）十二月二十四日 函可和尚坐化圆寂于金塔寺，终年 49 岁。众弟子根据遗愿将遗体迁往千山龙泉寺，在璎珞峰西麓修建剩人禅师塔，并将其诗文编辑成《千山诗集》20 卷，《剩人禅师语录》6 卷刊刻问世。

1823 年（清道光三年） 募化筹资，对殿堂、佛像进行了维修。清末，慈恩寺庙宇颓荒，僧人无几。

1900 年（清光绪二十六年） 沙霁步真，河北遵化人，37 岁出家，在北京万寿寺德果老和尚处受戒，随后居北京圆广寺，曹洞宗第二十四代，接该寺庆然大和尚临济正宗四十三代法脉，老和尚来沈阳，住德胜关（大南）龙凤寺。他与千山中会寺德安大和尚商议在沈阳创建丛林，承蒙魁星楼僧录司张深海先生支持，选城南厢慈恩寺旧址，仅破刹一间，建造气势雄伟的佛教丛林，民间善男信女鼎力相助，布施捐资，恢复古刹。

1912 年（民国元年） 中国佛教总会奉天支部成立。会址设在万寿寺，后迁入慈恩寺。沙霁步真大和尚晋院。

1918 年（民国 7 年） 栉风沐雨十八载，沙霁步真大和尚，携众护法善心筹资，先后建成天王殿、配殿、钟鼓楼、禅堂、念佛堂、两廊、比丘坛等。

1919 年（民国 8 年） 大雄宝殿修葺落成竣工，自此重建慈恩寺工作全部结束。步真大和尚被尊为中兴本寺开山祖师。

1921 年（民国 10 年） 步真老和尚继承祖师宗风，将慈恩寺改为十方丛林，荣任方丈。

1927 年（民国 16 年）二月十六日 一代精通佛教经论、严持戒律的高僧及武术名家，步真老和尚圆寂。青山和尚为代理方丈，继承步真老和尚的遗志，在慈恩寺修建了客堂、方丈室、围墙和甬路。

1928 年（民国 17 年）九月十九日 奉天省佛教会会长，黑山县盘龙山大兴寺修缘大和尚受步真和尚生前举荐，晋院升座。敷演戒法，四众欢喜。修缘大和尚成立佛学研究室和佛经流通处，探讨研究佛经经典，赠送佛教书籍。

1934 年（民国 23 年） 慈恩寺首次传授三坛大戒 53 天，受戒比丘、比丘尼弟子 600 多人。开堂和尚是青山大和尚，得戒和尚是修缘大和尚，当时，一度宗风大振。传戒圆满后，立佛日增辉碑、法轮常转碑。

1937年（民国26年）5月26日　在沈阳设立伪满洲国佛教总会奉天分会，会长修缘大和尚。

1940年（民国29年）　慈恩寺第二次传授三坛大戒，受戒弟子1250人。开堂和尚是青山大和尚，得戒和尚是修缘大和尚，盛况空前。修缘和尚创办慈恩寺佛学院，院址设在慈恩寺内，课程包括四书五经、古文、算术、唯识,《阿弥陀经》《教观纲宗》《楞严经》等。首任院长修缘方丈，后期佛学院院长分别由省僧、慧僧、明心、果性、乘安、导尘等担任。1949年佛学院停办。

1943年（民国32年）　慈恩寺方丈修缘老和尚圆寂，享年73岁。

1947年（民国36年）　佛学研究室和佛经流通处停办。

1949年　中华人民共和国成立。经辽宁省民宗教部门批准，恢复慈恩寺为宗教活动场所，正式对外开放。由惺如和尚任住持，留单接众，当时常住僧众30余人。

1954年　万寿寺和慈恩寺合并，导尘法师接任慈恩寺住持。

1956年4月17日　导尘大和尚晋院升座慈恩寺方丈。慈恩寺对外开放，信奉佛教日益增多，政府多次拨款修缮。

1957年6月6日　在导尘、根普乐、逝波、安慧四位法师的倡议和主持下，辽宁省26市县40位佛教界著名人士齐聚千山龙泉寺，举行辽宁省佛教协会发起会议。10月14日至17日，在沈阳慈恩寺举行辽宁省佛教协会正式成立大会，选举导尘为首任会长，逝波、根普乐、王志一为副会长。宣告辽宁省佛教协会成立，会址设于沈河区大南街慈恩寺。由万寿寺移入慈恩寺木版《大藏经》，御赐明版正统五年724函，清雍正十三年（1735年）四月初八日御赐清版藏经 724 函，其中光绪年御赐藏经 728 函，较明万历藏和清雍正藏多 4 函，于慈恩寺藏经楼永久收藏。宋朝《碛砂藏》、明代《频伽藏》版本极其珍贵，现都已不全。

1958 年 3 月　被列为沈阳市级文物保护单位。辽宁省进行寺庙制度改革，大部分僧侣还俗参加生产劳动。寺庙集中后，慈恩寺常住僧人比丘有 51 人，对于孤老无依无靠僧人的生活照顾有了明显的改变和保障。

1959 年　时任中国佛教协会会长赵朴初居士和中国道教协会负责人陈撄宁来慈恩寺调研辽宁省佛教协会情况。

1961 年 12 月　果智法师被调沈阳慈恩寺，在辽宁省佛教协会佛教研究组工作。

1962 年 5 月　辽宁省佛教协会第二届代表大会召开，导尘当选为会长，逝波、王扎拉（喇嘛）当选为副会长。

1962 年 7 月　西藏佛教代表团一行 50 多人来寺参观友好交流，对加强国内各民族团结、促进佛教人士间的友谊和了解，发挥了积极作用。

1962 年七月十五日　寺内举行盂兰盆法会，其规模和参加人数都胜于往年。

1963 年　慈恩寺被公布为沈阳市级重点文物保护单位。

1966 年 8 月 23 日　慈恩寺 30 多尊唐代石佛全部被捣毁。“文革”期间，慈恩寺内唐朝三彩瓷马被盗，僧众被迫离开寺院。寺庙曾被沈阳市大南边小学、汽车靠垫厂占用，佛像法器全部被毁，寺内所藏经典书籍一部分被移藏在故宫文津阁得以保存，大部分文物被破坏焚毁。供案上的礼器丢失。宗教活动全部停止，教职人员被驱逐还俗。戒牒被焚毁，僧人大部分到工厂、农村劳动，致使慈恩寺陷入冷落荒寂之中。10 月，沈阳慈恩寺所藏大批佛经在破“四旧”期间有全部被毁的危险，辽宁省图书馆分两批将其接收，共计 1 万余册（已经烧毁一部分），珍贵佛教文献得以保存。

1968 年 8 月　辽宁省佛教协会会长，沈阳市佛教协会会长，沈阳市第二届至第六届人大代表，辽宁省政协第三届委员会常务委员导尘法师被迫害致死，僧腊 47 年，戒腊 34 夏。

1979 年 6 月 18 日　辽宁省佛教协会恢复活动，会址在沈阳慈恩寺。中共中央十一届三中全会后，党和政府落实宗教政策，陆续退还被侵占的寺院，慈恩寺被列为全国汉传佛教重点寺庙，完全交还佛教界管理，作为合法的佛教活动场所对外开放。占用寺庙的工厂迁出，同时市政府拨款修复、翻建了南北配房，新建了青砖青瓦二层楼的斋堂、大雄宝殿、藏经楼、比丘坛和库房，流散的僧人又回到寺内，同时寺内派年轻僧人到南京佛学院学习。开始对外开放。

1981 年　经协商在辽宁省图书馆和故宫保存的正统五年御赐明版藏经 724 函和清雍正十三年四月初八日御赐清版藏经 724 函迁回慈恩寺。

1982 年 5 月 8 日　在时任辽宁省佛教协会会长逝波法师倡议和主持下，自新中国成立以来，辽宁省首次于慈恩寺举办传授三坛大戒法会，礼请长春般若寺方丈 86 岁高龄的澍培法师为戒和尚，为期 7 天，共度僧俗 177 人，当时很多“文革”期间被迫还俗的僧人再次增戒，堪称盛举。8 月 24 日辽宁省佛教协会召开第三届全省代表会议，修改了省佛教协会章程，明确了佛协的宗旨和任务，选举逝波法师为第二任会长。

1983 年 3 月　慈恩寺被国务院确定为全国汉传佛教重点寺院之一。

1984 年 10 月　慈恩寺重新仿制铸造一座万年宝鼎。宝鼎上镌刻“风调雨顺，国泰民安，世界和平，人寿年丰”。

1985 年　慈恩寺被列为沈阳市级文物保护单位。8 月，深受全省佛教信众尊敬和爱戴的逝波会长圆寂，中国佛协、香港佛教界和部分省市佛协以及个人发来唁电，全省佛教四众弟子无限悲痛。果智法师继任辽宁省佛教协会会长。

1988 年 12 月　慈恩寺被列为辽宁省级文物保护单位。

慈恩寺于 1988 年被列为省级文物保护单位

1992年9月22日至24日　辽宁省佛教协会第五届代表会议在沈阳慈恩寺举行，会议选举果智和尚为会长。辽宁省佛教协会副会长照元法师任慈恩寺管委会主任，慈恩寺常住僧人38人。

1995年　辽宁省抚顺市政府批准在原址重建沈阳慈恩寺下院善缘寺（原名圣水寺），1997年建成大雄宝殿、讲经堂、斋堂、僧舍。1998年以来，又陆续建成天王殿、钟鼓楼和东西配殿等，已形成较完整的佛教寺院。善缘寺现存沈阳慈恩寺方丈修缘和尚的舍利塔一座。

1996年7月　经沈阳慈恩寺住持照元法师及常住执事举荐，盖忠法师任寺务委员会副主任。

2003年10月6日　辽宁省佛教协会会长、沈阳市佛教协会会长照元大和尚晋院升座，荣任慈恩寺方丈。他引领一些有才识的僧众骨干，重建讲堂，恢复丛林祖制，完善古刹修建，庄严道场。

2004年6月29日　辽宁省部分文史馆员、研究员考察沈阳慈恩寺。

2007年12月10日　“庆祝辽宁省佛教协会成立五十周年：振兴东北、和谐辽宁、祈福法会”在辽宁省佛教协会会址——沈阳慈恩寺大雄宝殿举行。

2009年　沈阳市十四届人大常委会第十一次会议审议通过《沈阳历史文化名城保护条例》，慈恩寺受到法律严格保护。

2015年8月20日　慈恩寺方丈照元大和尚退居。经照元大和尚和寺内全体执事推荐，决定礼请辽宁省佛教协会副秘书长盖忠法师，出任慈恩寺住持，续佛法脉。

2016年12月10日　“云水情深，爱满人间”公益慈善捐赠法会在沈阳市慈恩寺举行，共捐助 33 万多元的生活物资。

2017 年 3 月 1 日　沈阳慈恩寺盖忠法师一行僧众 30 余人，前往辽宁省精神卫生中心开原分院，开展“守护心灵，春暖花开”慈善慰问活动，共捐赠价值 10 万余元的物资。

2017 年 3 月 28 日　沈阳市慈恩寺慈爱梵呗艺术团举办成立揭牌仪式。

沈阳慈恩寺慈爱梵呗艺术团启动仪式

乐团练习

图书在版编目(CIP)数据

沈阳慈恩寺志 / 释盖忠主编. --北京：社会科学文献出版社，2018. 6
ISBN 978-7-5201-2649-6

Ⅰ. ①沈… Ⅱ. ①释… Ⅲ. ①佛教-寺庙 - 史料 - 沈阳 Ⅳ. ①B947.231.3

中国版本图书馆CIP数据核字(2018)第085916号

沈阳慈恩寺志

主　　编 / 释盖忠

出 版 人 / 谢寿光
项目统筹 / 李丽丽
责任编辑 / 李丽丽　徐成志

出　　版 / 社会科学文献出版社 · 近代史编辑室（010）59367256
地址：北京市北三环中路甲29号院华龙大厦　邮编：100029
网址：www.ssap.com.cn
发　　行 / 市场营销中心（010）59367081　59367018
印　　装 / 三河市东方印刷有限公司

规　　格 / 开　本：787mm×1092mm　1/16
印　张：17. 25　字　数：190千字
版　　次 / 2018年6月第1版　2018年6月第1次印刷
书　　号 / ISBN 978-7-5201-2649-6
定　　价 / 188. 00元